고난을
이기는
산 소망

고난을 이기는 산 소망

1쇄 발행 2016년 12월 7일
2쇄 발행 2023년 7월 25일

지은이 박정근
펴낸이 고종율

펴낸곳 주) 도서출판 디모데 〈파이디온선교회 출판 사역 기관〉
등록 2005년 6월 16일 제 319-2005-24호
주소 서울특별시 서초구 서초대로 141-25(방배동, 세일빌딩)
전화 마케팅실 070) 4018-4141
팩스 마케팅실 02) 6919-2381
홈페이지 www.timothybook.com

값 12,000원
ISBN 978-89-388-1607-8 03230
ⓒ 주) 도서출판 디모데 2016 〈Printed in Korea〉

고난을 이기는 산 소망

베드로가 전하는
하늘의 위로와 힘

박정근

	서문	_ 7
1장	베드로전후서를 이해하기 위하여	_ 9
2장	고난 가운데 기뻐할 수 있는 이유 ｜ 벧전 1:3–12	_ 25
3장	정결하지 않은 곳에서 정결하게 살기 ｜ 벧전 1:13–21	_ 37
4장	공동체 세우기 ｜ 벧전 1:22–2:3	_ 49
5장	산 돌 같은 신령한 집으로 세워지라 ｜ 벧전 2:4–12	_ 57
6장	부당한 대우를 극복하기 위하여 ｜ 벧전 2:13–25	_ 69
7장	행복한 가정 생활을 위한 지침 ｜ 벧전 3:1–7	_ 81
8장	영적 성숙의 척도 ｜ 벧전 3:8–21	_ 93
9장	불공정한 세상에서 승리하는 방법 ｜ 벧전 3:13–17	_ 105

차 례

10장 그리스도를 본받아 살라 _ 117
| 벧전 3:17–22

11장 나그네의 삶에서 승리하기 위하여 _ 129
| 벧전 4:1–6

12장 소망을 가진 자가 집중해야 할 일 _ 139
| 벧전 4:7–11

13장 고통의 선물 _ 149
| 벧전 4:12–19

14장 영광의 면류관을 받는 사역자 _ 161
| 벧전 5:1–4

15장 은혜에 굳게 서기 위하여 _ 173
| 벧전 5:5–14

16장 오염된 세상에서 승리하기 위하여 _ 185
| 벧후 1:1–21

17장 거짓 가르침에 속지 않기 위하여 _ 197
| 벧후 2:1–22

18장 재림을 사모하는 자의 모습 _ 211
| 벧후 3:1–18

서문

베드로전후서는 그리스도인이 이 세상에서 어떻게 승리할 수 있는지 매우 자세하게 설명합니다. 이 세상은 만만한 곳이 아닙니다. 어둠의 세력은 때로 그리스도인을 핍박하고 교묘하게 유혹합니다. 우리는 그 고난과 유혹 앞에서 어떻게 승리할 수 있을까요?

사도 베드로는 먼저 우리의 신분을 상기시킵니다. 우리는 이 땅의 정착자가 아니라 나그네입니다. 나그네에게 중요한 것은 그가 장차 도착할 본향입니다. 그래서 그는 소망을 강조합니다. 우리는 이 세상에서 승리하기 위해 우리가 붙들고 있는 소망에 대해 잘 알아야 합니다.

베드로는 우리가 가진 소망을 '산 소망'이라고 말합니다. 여기서 '산 소망'은 예수 그리스도로 말미암아 우리가 받은 구원 그리고 그 구원이 장차 가져다 줄 살아 있는 소망을 의미합니다. 우리는 이 소망을 붙들고 살아가야 합니다. 하나님이 예수 그리스도를 통해 주신 이 놀라운 소망을 알고 이것을 현재의 삶 가운데 붙든다면 우리는 이 땅의 어떤 고난도 이길 수 있습니다. 뿐만 아니라 참 진리를 부정하는 이단들이 난무하는 이 시대에서 거짓 가르침에 속지 않고 참 진리의 편에 설 수 있습니다. 주님은 반드시 다시 오십니다. 이 땅의 모든 불의를 심판하고 우리에게 복을 주시려고 이 땅에 다시 오십니다. 우리는 그 주님을 바라보며 고난을 이기고 승리해야 합니다.

아무쪼록 많은 사람이 세상과 물질을 숭배하는 일에 현혹된 이 시대에, 베드로전후서를 깊이 묵상함으로 고난과 유혹을 물리치며 승리할 수 있기를 바랍니다.

박정근

1장

베드로전후서를
이해하기 위하여

[**베드로전서 개관**]

"예수 그리스도의 사도 베드로는 본도, 갈라디아, 갑바도기아, 아시아와 비두니아에 흩어진 나그네 곧 하나님 아버지의 미리 아심을 따라 성령이 거룩하게 하심으로 순종함과 예수 그리스도의 피 뿌림을 얻기 위하여 택하심을 받은 자들에게 편지하노니 은혜와 평강이 너희에게 더욱 많을지어다"(벧전 1:1-2).

베드로전서를 이해하려면 먼저 기록 배경과 저자를 알아야 합니다. 만일 우리가 편지를 주고받는 상대에 대해 알지 못한다면 아무리 최선을 다해 편지를 쓴다 해도 전하고자 하는 바를 상대가 온전히 깨닫기 어려울 것입니다. 그러나 반대로 편지를 주고받는 상대를 깊이 안다면 상대를 모를 때와 같은 내용일지라도 상대에게 굉장한 감동을 전할 수 있습니다. 그것은 상대를 깊이 알 때 우리는 행간 속에 담긴 감정까지도 읽을 수 있기 때문입니다.

그러므로 성경의 각 책을 연구할 때 저자를 아는 것은 매우 중요합니다. 베드로전서의 저자는 사도 베드로입니다. 성경에는 베드로에 대한 여러 기록이 있습니다. 그는 어떤 사람이었을까요? 베드로전서를 깊이 이해하려면 베드로를 연구해야 합니다.

저자

베드로전서의 저자는 베드로와 실루아노입니다. 먼저 베드로를 살펴보겠습니다. 베드로는 갈릴리 출신의 어부로, 형제 안드레와 함께 예수님의 부름을 받고 제자가 됩니다.

성경에 나타난 베드로의 기록들을 모아보면 베드로가 굉장히 충동적이고 헌신적인 사람이라는 것을 알 수 있습니다. 대표적으로 마태복음 16장을 통해 이러한 그의 성품을 엿볼 수 있습니다.

예수님이 어느 날 가이사랴 빌립보 지방에 이르러 제자들에게 물으셨습니다. "사람들이 나를 누구라고 하더냐?" 그러자 제자들이 예수님에 관한 소문들을 이야기했습니다. "더러는 침례(세례) 요한, 더러는 엘리야, 더러는 선지자라고 합니다." 그러자 예수님은 다시 물으셨습니다. "그러면 너희는 나를 누구라고 생각하느냐?" 그때 베드로가 조금도 망설이지 않고 이렇게 말합니다. "주는 그리스도시요 살아 계신 하나님의 아들이십니다." 예수님은 얼마나 기쁘셨던지 베드로를 크게 칭찬하십니다. "바요나 시몬아(즉 요나의 아들 시몬아), 네가 복이 있다. 이를 네게 알게 한 이는 육신의 아버지가 아니라 하늘의 아버지시다." 또한 마태복음 16장 18-19절에서 놀라운 말씀을 하십니다.

"또 내가 네게 이르노니 너는 베드로라 내가 이 반석 위에 내 교회를 세우리니 음부의 권세가 이기지 못하리라 내가 천국 열쇠를 네게 주리니 네가 땅에서 무엇이든지 매면 하늘에서도 매일 것이요 네가 땅에서 무엇이든지 풀면 하늘에서도 풀리리라."

하늘에서 매면 땅에서도 매이고, 하늘에서 풀면 땅에서도 풀린다는 이 말씀을 두고 천주교는 베드로를 시작으로 세워진 이후의 모든 교황이 교회의 주체라고 주장합니다. 하지만 다른 복음서를 보면 예수님은 매고 푸는 이 권세를 베드로에게만 주신 것이 아니라 다른 제자들에게도 주셨음을 알 수 있습니다. 이 얼마나 놀라운 칭찬입니까? 그런데 베드로는 이렇게 놀라운 칭찬을 들은 직후에 예수님께 혹독한 꾸중을 듣습니다. 마태복음 16장 23절을 보면 그것이 어느 정도였는지 알 수 있습니다.

"사탄아 내 뒤로 물러 가라 너는 나를 넘어지게 하는 자로다 네가 하나님의 일을 생각하지 아니하고 도리어 사람의 일을 생각하는도다."

예수님이 십자가를 지신다고 하자, 이를 말리는 베드로를 예수님은 책망하십니다. 이 사건만 봐도 베드로가 얼마나 충동적인 사람이었는지 알 수 있습니다. 이러한 기질 때문에 그는 감당하기 어려운 큰 시험에 빠집니다. 그것은 결정적인 순간에 예수님을 세 번씩이나 모른다고 부인한 그 유명한 사건입니다.
그것은 이미 예고된 일이었습니다. 예수님은 모든 제자가 모인 자리에서 그들이 한 명도 빠짐없이 자신을 등질 것이라고 예언하셨습니다. 그러자 베드로는 이렇게 항변합니다. "모두 다 주를 버릴지라도 저는 결코 주를 버리지 않을 것입니다." 이에 주님은 베드로에게 직설적으로 말씀하십니다. "내가 진실로 네게 이르노니 오늘 밤 닭 울기 전에 네가 세 번 나를 부인하리라."
그러나 이렇게 구체적인 말씀에도 그는 호언장담합니다. "주와 함께 죽을지언정 저는 절대 주님을 부인하지 않을 것입니다." 이후에 일어난 일을 우리는 잘 압니다. 베드로는 예수님을 부인했습니다. 예수님을 부인했다는 사실만으로도 견디기 어려웠을 텐데, 예수님과 제자들 앞에서 몇 번씩이나 호언장담한 직후에 그랬으니 그의 심정이 어땠겠습니까?

예수님을 부인한 베드로는 밖으로 나가 통곡합니다. 그는 물론이고 옆에서 이 상황을 지켜본 모든 사람이 이제 베드로의 사역은 끝났다고 생각했을 것입니다. 그런데 베드로는 우리에게 이렇게 권면합니다.

"그러므로 너희 마음의 허리를 동이고 근신하여 예수 그리스도께서 나타나실 때에 너희에게 가져다 주실 은혜를 온전히 바랄지어다"(벧전 1:13).

수치스러운 실패를 한 사람이 이처럼 담대하게 권면할 수 있었던 이유는 무엇일까요? 그것은 바로 실패한 베드로에게 임한 하나님의 은혜 때문이었습니다. 주님은 실패하고 주저앉은 제자를 버리지 않고 갈릴리 바닷가로 찾아가십니다. 그리고 평생 잊을 수 없는 실패로 낙담한 그에게 다가가, 그 누구에게도 맡기지 않은 양을 처음으로 맡기십니다. 이 얼마나 놀라운 은혜입니까? 이 은혜가 베드로를 일으킨 것입니다.

감당하기 어려운, 이해하지 못할 주님의 큰 사랑이 베드로를 완전히 바꾸었습니다. 그 후 우리는 사도행전에서 완전히 다른 모습의 베드로를 만나게 됩니다. 그는 초대교회의 리더로서 구심점 역할을 잘 감당했습니다. 가룟 유다의 자리를 대신할 제자로 맛디아를 뽑는 일을 주도했고, 오순절에 성령이 임하신 사건을 의아해하던 유대인들에게 강력한 설교를 하여 그날 하루에만 삼천 명을 구원의 자리로 인도했습니다. 또한 성전 미문에 앉은 앉은뱅이를 치료하고, 솔로몬 행각에서 선포한 설교로 그날 하루에 남자만 오천 명을 구원의 자리로 인도했습니다. 이를 빌미로 예루살렘 공회가 베드로를 잡고 협박했지만 그는 오히려 그들 앞에서 예수님을 담대하게 전합니다. 이처럼 베드로는 완전히 다른 사람이 되었습니다.

또한 아나니아와 삽비라가 거짓말로 교회를 어지럽히자 그들을 징계했고, 예루살렘 공회와 교회가 이방인들에게 은혜를 베푸는 문제로 갈등할 때 힘써 복음을 지지했습니다. 복음은 율법과 상관없이 이방인들에게도 똑같이 적용된다는 것을 강력히 주장하여 예루살렘 교회가 올바른 판단을 내리게 했습니다. 이처럼 복음서에 나오는 베드로와 사도행전에 나오는 베드로는 다른 사람이 아닐까 싶을 정도로 완전히 다른 모습입니다.

우리는 사도행전에서 모든 것이 끝났다고 생각될 정도로 실패했던 사람이 하나님의 은혜 안에서 어떻게 새로워지는지 목격할 수 있습니다. 베드로는 이토록 처절하게 낙담하고 바닥까지 실패해보았기 때문에 같은 상황에 처한 사람들에게 남다른 동정심을 갖고 있었을 것입니다. 하나님은 이것을 아시고 베드로를 통해 베드로전서를 기록하셨습니다.

베드로는 절망 속에 있는 사람들에게 소망을 주기 위해 그의 첫 편지인 베드로전서를 썼습니다. 그런 의미에서 베드로전서의 주제는 '소망'이라고 할 수 있습니다. 소망을 주제로 글을 쓰기에 베드로는 적임자였습니다. 그런데 베드로는 베드로전서 마지막 부분에서 한 가지 사실을 덧붙입니다.

> "내가 신실한 형제로 아는 실루아노로 말미암아 너희에게 간단히 써서 권하고"(벧전 5:12).

베드로가 이 편지를 쓴 당시에는 편지를 받아 적거나 혹은 원저자의 감독 아래 편지 작성을 돕는 비서 역할을 하는 사람의 이름을 언급하는 문화가 있었습니다. 그래서 베드로는 지금 실루아노의 도움을 받아 이 편지를 썼다고 말한 것입니다. 베드로전서를 쓰는 데 기여한 실루아노는 어떤 사람일까요?

실루아노는 사도행전 15장에 처음 등장합니다. 그는 바울과 바나바와 함께 예루살렘 공회의 결과를 안디옥에 알리기 위해 파송된 사람 가운데 한 명이었습니다. 사도행전 15장 22절은 이렇게 기록합니다.

> "이에 사도와 장로와 온 교회가 그 중에서 사람들을 택하여 바울과 바나바와 함께 안디옥으로 보내기를 결정하니 곧 형제 중에 인도자인 바사바라 하는 유다와 실라더라."

여기에 등장하는 실라는 실루아노의 또 다른 이름입니다. 그는 제2차 선교 여행 때 바울이 마가를 데려가는 문제로 바나바와 결별한 후 마가 대신 선택한 사람입니다.

> "서로 심히 다투어 피차 갈라서니 바나바는 마가를 데리고 배 타고 구브로로 가고 바울은 실라를 택한 후에 형제들에게 주의 은혜에 부탁함을 받고 떠나" (행 15:39-40).

실라는 훗날 소아시아, 마게도니아 그리고 헬라를 비롯한 세계 각처에 교회를 개척하는 일에 바울과 디모데를 도와 긴밀하게 협력합니다. 그리고 놀랍게도 데살로니가전서를 쓰는 일에도 함께했다고 바울은 기록합니다. 데살로니가전서 1장 1절은 데살로니가후서 1장 1절과 내용이 같습니다.

> "바울과 실루아노와 디모데는 하나님 아버지와 주 예수 그리스도 안에 있는 데살로니가인의 교회에 편지하노니"(살전 1:1).

실라는 바울과 디모데와 더불어 이 서신의 공동 저자로 나옵니다. 그러므로 베드로전서도 베드로와 실루아노가 함께 쓴 것으로 추정할 수 있습니다.

수신자

베드로전서 1장 1-2절은 이 편지를 받는 대상을 이렇게 밝힙니다.

> "예수 그리스도의 사도 베드로는 본도, 갈라디아, 갑바도기아, 아시아와 비두니아에 흩어진 나그네 곧 하나님 아버지의 미리 아심을 따라 성령이 거룩하게 하심으로 순종하고 예수 그리스도의 피 뿌림을 얻기 위하여 택하심을 받은 자들에게 편지하노니."

이 구절에는 수신자들이 처한 상황과 그들이 누구인지 밝혀주는 중요한 두 단어가 등장합니다. 바로 "나그네"와 "택하심을 받은 자들"입니다. 이 두 단어가 중요한 이유는 예수님을 믿는 사람들의 신분이 바로 나그네와 택함을 받은 자들이기 때문입니다. 이들은 왜 나그네가 되었을까요? 경제적인 이유 때문이 아닙니다. 자신의 욕심으로 나그네가 된 것도 아닙니다. 그들은 오직 예수 그리스도를 향한 믿음 때문에 집과 소유를 다 버린 채 먼 타향에서 나그네처럼 살았습니다. 예수님을 믿는다는 이유로 박해하는 고향에서 그들은 살 수 없었습니다.

성경은 그리스도인의 신분을 나그네라고 규정합니다. 세상 사람들에게는 이 세상이 전부입니다. 여기가 고향이며 종착지입니다. 그러나 성경은 예수님을 믿는 사람들에게 결코 이 세상이 전부라고 말하지 않습니다. 우리에게 이 세상은 영원히 살 곳이 아니라 잠시 지나가는 곳입니다. 우리에게는 본향이 따로 있습니다.

그렇지만 우리는 정처 없이 방황하는 나그네가 아닙니다. 우리는 하나님의 택하심을 받은 자들입니다. 그러므로 베드로전서는 바로 우리를 위한 것입니다. 세상에서 나그네 된 자요, 택하심을 받은 백성인 우리에게 하나님은 베드로와 실루아노를 통해 이 놀라운 메시지를 전하십니다.

목적과 개요

베드로전서의 요점은 이미 살펴본 대로 우리가 이 세상에 살면서 고난을 당할 때 하나님이 주시는 소망을 붙들어야 한다는 것입니다. 그것은 하나님이 언제나 우리에게 소망을 주시는 분이기 때문입니다.

베드로는 누구보다도 깊은 절망을 경험했기 때문에 하나님이 베드로를 통해 이 편지를 쓰신 것은 매우 합당한 일이었음을 우리는 앞에서 살펴보았습니다. 베드로전서를 읽으면 고난의 실체를 깨닫게 됩니다. 믿는 자들에게 고난은 피할 수 없는 것입니다. 그러나 베드로는 고난이 끝이 아님을 일깨워줍니다.

하나님은 반드시 원수를 이기고 고난의 때를 종결함으로, 우리를 향한 구속을 완성하실 것입니다. 그래서 베드로는 우리가 고난 속에서 잊기 쉬운 한 가지 진리를 일깨워줍니다. 그것은 바로 하나님이 행하실 구속을 바라보고 소망하는 것입니다.

한때 교회는 세상에서 칭찬을 받았습니다. 그러나 요즘은 사뭇 다릅니다. 예수 믿는다고 하면 사람들의 눈빛이 매서워집니다. 교회가 잘못해서이기도 하지만 전부 그런 것만은 아닙니다. 일찍이 주님은 말씀하셨습니다. "세상이 너희를 미워하거든 이상히 여기지 말라. 그들이 나를 미워하였으니 너희도 미워하리라."

세상은 왜 우리를 미워할까요? 사실 세상은 우리를 미워할 수밖에 없습니다. 왜냐하면 세상의 배후에는 사탄이 있기 때문입니다. 오늘날 한국 교회를 보면 회개할 부분도 많지만 사회에 기여하는 부분도 많습니다. 정부에서 발표한 통계 자료에 따르면 교회는 사설 기관을 기준으로 할 때, 한국에서 이루어지는 사회복지의 70퍼센트 이상을 담당하고 있습니다.

그리스도인은 이 땅에 사는 동안 핍박과 고난을 받게 되어 있습니다. 우리의 신분 때문에 그렇습니다. 그러나 베드로는 고난과 핍박이 올 때 낙심하지 말고 소망을 붙들어야 한다고 말합니다. 이 세상이 우리의 끝이 아니기 때문입니다. 고난은 결코 우리의 끝이 될 수 없습니다.

그렇다면 우리는 어떻게 주님이 주시는 소망을 붙들고 살 수 있을까요? 어떻게 고난을 이기며 살 수 있을까요? 베드로는 우리에게 세 가지를 말해줍니다.

산 소망을 알라 (벧전 1:3-2:12)

소망을 붙들려면 소망이 무엇인지 알아야 합니다. 1장 3절부터 2장 12절에 소망의 내용이 나옵니다. 이는 매우 중요한 말씀입니다. 소망은 무엇이든 마음대로 붙잡는 것이 아닙니다. 성경이 말하는 소망은 세상이 말하는 희망과는 완전히 다른 것입니다. 세상은 때때로 막연한 희망을 말합니다. 우리는 다음의 격언을 자주 들었습니다. '하늘이 무너져도 솟아날 구멍은 있다.' 이 얼마나 용기를 주는 말입니까? 그러나 성경이 말하는 소망은 이것이 아닙니다. 성경의 희망은 알지도 못하는 막연한 희망 같은 것이 아닙니다.

소망에는 온전한 의미가 있습니다. 하나님이 주시는 소망을 붙들려면 막연한 희망이 아니라 하나님이 우리에게 주신 소망의 내용을 알아야 합니다. 베드로전서를 공부하면서 우리가 붙들어야 할 소망, 하나님이 우리에게 보여주실 소망의 내용을 온전히 깨닫게 되기를 바랍니다.

소망을 붙들고 살아가라 (벧전 2:13-4:11)

소망을 소유하려면 소망을 알아야 할 뿐만 아니라 소망을 붙들어야 합니다. 소망은 우리가 깨달아 알 수 있을 뿐만 아니라 이 땅에서도 적용할 수 있는 것이라고 2장부터 4장까지의 내용은 말합니다. 그러면 소망을 붙드는 삶은 어떤 삶입니까? 베드로는 우리에게 몇 가지를 제시합니다.

먼저 소망을 붙들고 살면 우리는 권위에 순복하게 됩니다. 겸손한 마음도 품게 됩니다. 삶에서 인내를 발휘하여 언제나 하나님을 영화롭게 하기 위해 애씁니다. 이 모든 삶의 본보기는 바로 예수 그리스도이십니다. 이런 삶을 상상해 보십시오. 하나님 앞에서 항상 그분의 권위를 인정하며 겸손히 살아갑니다. 삶 속에서 인내를 발휘합니다. 예수 그리스도를 좇아갑니다. 이것이 소망을 붙든 자의 삶이라는 것입니다. 베드로전서를 공부하면서 우리 삶이 소망에 합당한 삶으로 변화되기를 바랍니다.

소망으로 역경을 이기라 (벧전 4:12 – 5:14)

소망을 소유한 삶은 어떤 삶입니까? 바로 소망으로 역경을 이기는 삶입니다. 그래서 베드로는 우리에게 역경이 닥칠 때 놀라지 말라고 당부합니다. 질병이 찾아올 때 놀라지 말라는 것이며 자녀가 어려움을 당할 때 놀라지 말라는 것입니다. 사업이 흔들리고 사기를 당할 때, 억울하게 모함을 당할 때 놀라지 말라는 것입니다.

그러면 어떻게 해야 합니까? 우리는 어려움과 역경을 오히려 기뻐하고, 하나님께 삶을 위탁하며, 그분께 우리의 모든 염려를 맡겨야 합니다. 그리고 주님이 주실 은혜를 바라보며 기뻐해야 합니다. 믿는 자에게 우연히 닥치는 고난은 없습니다. 하나님은 고난을 통해 우리에게 무언가를 주기 원하시기 때문에 그 은혜를 소망하고 기뻐해야 합니다. 그러므로 고난을 이기는 유일한 방법은 바로 소망을 갖는 것입니다.

이 소망을 소유하지 않겠습니까? 베드로전서의 말씀을 자신의 것으로 삼는다면 세상의 희망이 아니라 하나님이 주시는 이 놀라운 소망, 우리의 삶을 바꾸고 어떤 고난도 이기는 소망을 소유하게 될 것입니다.

지금까지 배경, 저자, 수신자, 목적과 개요를 살펴보았습니다. 마지막으로 두 가지 적용을 살펴보겠습니다.

고난과 실패가 미래를 좌우하지 않게 하라

베드로전서를 통해 삶에서 할 수 있는 첫 번째 적용은 '고난과 실패가 미래를 좌우하지 않게 하라'는 것입니다. 가만히 보면 이 세상에는 정해진 삶의 양식이 있습니다. 그것은 과거의 실패가 미래를 좌우하는 것입니다. 불행한 어린 시절을 보낸 사람은 어른이 되어도 불행하다고 생각하는 사람들이 많습니다.

그러나 그것은 사탄의 속삭임입니다. 사탄이 그렇게 속삭일 때 베드로를 떠올려야 합니다. 예수님의 열두 제자 가운데 가장 처절한 패배를 경험한 베드로가 남긴 위대한 작품을 살펴보십시오. 아주 가난한 부모를 만났기 때문에 미래가 불행하다고 생각합니까? 그렇지 않습니다. 우리가 소망을 가질 때 우리의 삶은 하나님의 능력으로 달라집니다.

그러므로 과거의 고난과 실패가 미래를 좌우하지 않게 하십시오. 우리는 소망으로 과거의 실패를 뛰어넘을 수 있습니다.

실패와 고난이 다른 사람을 격려하는 통로가 되게 하라

두 번째 적용은 '실패와 고난이 다른 사람을 격려하는 통로가 되게 하라'는 것입니다. 베드로는 마침내 이 일을 해냈습니다. 그는 눈물을 거두고 무릎을 일으켜 세웠습니다. 그리고 바다를 두 번이나 건너야 만날 수 있는 먼 곳에서 사면초가의 고통을 겪으며 사는 성도들에게 소망을 주기 위해 펜을 들었습니다. 그리고 그 편지는 지금 우리에게도 전해졌습니다.

어린 시절 말할 수 없는 고난을 겪었습니까? 부모님이 경제적으로 넉넉하지 못해 힘들었습니까? 한탄하지 마십시오. 성경은 우리가 고난과 과거의 어떤 실패도 이길 수 있을 뿐만 아니라 더 나아가 하나님이 우리에게 그러한 고난을 주신 이유가 있다고 말합니다. 그 이유는 고난에 처한 다른 사람들을 위로하기 위해서라는 것입니다.

저는 목회하며 아내가 암에 걸렸던 것이 마음 아프지만 한편으로는 그 경험이 목회에 큰 도움이 되는 것을 느낍니다. 제가 암 환우에게 열심히 심방 가는 것보다, 아내가 심방 가는 것이 더 깊은 위로를 주는 것을 경험합니다. 다들 그렇게 위로를 받습니다. 과거에 가난했습니까? 절망하지 말고 가난과 상처를 이기고 똑같은 상처를 가진 사람들을 찾아가 위로하기 바랍니다. 이것이 베드로전서의 내용입니다.

저희 어머니는 초등학교도 나오지 못하셨지만, 저희 사 형제를 목사로 키우셨습니다. 저희 어머님이 대학원을 나오고 온갖 교육을 다 받았다면, 그것이 무슨 자랑이 되겠습니까? 혹시 남들에게 고개를 들 수 없을 만큼 수치스럽게 가정이 깨어졌습니까? 거기에 주저앉을 필요가 없습니다. 그 경험을 통해 깨어진 가정 문제로 고통받는 자들을 위로하기 바랍니다. 이것이 베드로전서의 내용입니다.

어떤 고난과 실패도 우리를 점령할 수 없습니다. 우리에게 소망이 있기 때문입니다. 우리가 그 소망을 알고 붙들 때 우리 삶은 달라집니다. 고난을 이기는 것에서 그치지 않고 그 과거의 쓰라린 실패와 상처를 딛고 다른 사람들에게 하나님의 은혜를 전달하는 위로자요, 축복의 통로가 됩니다. 그러므로 우리는 일어나 이 소망을 붙들고 소망의 사람으로 살아가야 합니다. 베드로전서는 이러한 삶으로 우리를 초청합니다.

[**베드로후서** 개관]

오염된 세상에서의 승리(벧후 1:1-21)

지피지기백전백승(知彼知己百戰百勝)이라는 말처럼 싸움에서 승리하려면 상대와 자신을 정확히 알아야 합니다. 베드로후서의 핵심 메시지는 성도가 주의하고 대비해야 할 대상에 대한 경고입니다. 그러나 먼저 우리 승리의 근거이신 예수님을 알아야 한다는 전제를 내세웁니다. 왜냐하면 승리의 근원이신 예수님을 아는 것이 무엇보다도 중요하기 때문입니다.

우리가 가장 먼저 알아야 할 것은 진리이신 하나님입니다. 우리는 하나님을 단순히 지식적으로가 아니라 가슴으로, 즉 전인격적으로 알아야 합니다. 베드로후서 1장은 하나님을 바로 알아 그분과 친밀한 교제를 나눌 때, 하나님이 주시는 은혜와 평강을 누릴 수 있음을 이야기합니다. 그 가운데 우리는 하나님이 열매 맺게 하신 신성한 성품으로, 오염되고 거짓된 세상에서 진리 위에 굳게 설 수 있습니다.

거짓 가르침에서의 승리(벧후 2:1-22)

세상에는 우리를 속이고 잘못된 가르침으로 이끄는 무리가 너무나 많습니다. 중요한 것은 이러한 거짓 가르침이 세상의 이단뿐만 아니라 교회 안에서도 얼마든 일어날 수 있다는 사실입니다. 교회를 자신의 욕심을 채우는 곳으로 이용하려는 거짓 교사들의 교묘한 속임수는 수많은 성도를 하나님과 상관없는 신앙생활에 빠지게 할 위험성이 있습니다. 베드로후서 2장에서는 이러한 위험성에서 벗어날 수 있는 두 가지 비결을 제시합니다. 우선 거짓 가르침의 특징을 알아야 하고 하나님의 심판과 보호하심의 교리를 알아야 합니다.

거짓 가르침이 성도에게 위험한 이유는 처음에는 진리와 큰 차이가 없고 비슷하게 보인다는 점 때문입니다. 그러나 거짓 교사들은 선하신 하나님과 아무런 상관이 없기 때문에 결국 도덕적으로 타락하고 탐심을 추구할 뿐입니다. 범죄한 자들을 반드시 심판하시는 하나님의 공의는 이러한 거짓 교사들과 모든 믿지 않는 자들에게 향합니다. 성경은 이 세상의 모든 죄악과 부패는 반드시 심판받게 된다고 말씀합니다. 그러나 하나님은 자비롭고 은혜로우시기 때문에 그분을 믿는 모든 자를 용서하고 복을 주십니다. 베드로는 거짓 교사들에 대해 다루며 이러한 하나님의 양면성을 자세히 설명하여 하나님의 심판과 보호하심의 특징을 명백하게 이야기합니다. 이 진리에 확신을 갖는다면, 거짓 가르침에서 승리하는 삶을 살 수 있습니다.

마지막 승리 : 주님의 재림 (벧후 3:1-18)

마지막으로 베드로는 주님의 재림을 사모하고 그에 합당한 삶을 살라고 권면합니다. 주님의 재림에 대한 인식이 희미한 오늘날, 교회에서조차 재림에 대해 이야기하는 것이 낯설기까지 합니다. 그러나 성경은 분명하게 재림을 확정하고, 나아가 재림을 기다리고 준비하는 것이 올바른 그리스도인의 모습이라고 설명합니다.

성경의 모든 명령은 믿는 자들에게 놀라운 축복을 주시기 위함입니다. 주님의 재림을 확신하고 소망하는 사람들은 어떤 모습으로 살아갈까요? 주님의 거룩하심을 본받아 거룩하게 살아갈 것입니다. 또한 아직 주님의 귀한 복음을 알지 못하는 주위 사람들에게 담대히 복음을 전하며 살아갈 것입니다. 이렇게 살아가고자 노력하고 도전할 때, 하나님은 우리를 더욱 기뻐하며 축복하실 것입니다.

하나님이 베드로를 통해 주신 말씀들을 구체적으로 삶에서 실천한다면, 우리는 진정한 승리를 경험할 수 있습니다. 이러한 승리의 삶으로 초청하시는 주님께 감사하며 그분께 영광을 드리는 삶을 살기를 기도합니다.

2장

고난 가운데
기뻐할 수 있는 이유

베드로전서 1:3-12

³우리 주 예수 그리스도의 아버지 하나님을 찬송하리로다 그의 많으신 긍휼대로 예수 그리스도를 죽은 자 가운데서 부활하게 하심으로 말미암아 우리를 거듭나게 하사 산 소망이 있게 하시며 ⁴썩지 않고 더럽지 않고 쇠하지 아니하는 유업을 잇게 하시나니 곧 너희를 위하여 하늘에 간직하신 것이라 ⁵너희는 말세에 나타내기로 예비하신 구원을 얻기 위하여 믿음으로 말미암아 하나님의 능력으로 보호하심을 받았느니라 ⁶그러므로 너희가 이제 여러 가지 시험으로 말미암아 잠깐 근심하게 되지 않을 수 없으나 오히려 크게 기뻐하는도다 ⁷너희 믿음의 확실함은 불로 연단하여도 없어질 금보다 더 귀하여 예수 그리스도께서 나타나실 때에 칭찬과 영광과 존귀를 얻게 할 것이니라 ⁸예수를 너희가 보지 못하였으나 사랑하는도다 이제도 보지 못하나 믿고 말할 수 없는 영광스러운 즐거움으로 기뻐하니 ⁹믿음의 결국 곧 영혼의 구원을 받음이라 ¹⁰이 구원에 대하여는 너희에게 임할 은혜를 예언하던 선지자들이 연구하고 부지런히 살펴서 ¹¹자기 속에 계신 그리스도의 영이 그 받으실 고난과 후에 받으실 영광을 미리 증언하여 누구를 또는 어떠한 때를 지시하시는지 상고하니라 ¹²이 섬긴 바가 자기를 위한 것이 아

니요 너희를 위한 것임이 계시로 알게 되었으니 이것은 하늘로부터 보내신 성령을 힘입어 복음을 전하는 자들로 이제 너희에게 알린 것이요 천사들도 살펴보기를 원하는 것이니라.

사람들은 저마다 다른 모습으로 살아가지만, 모든 사람이 겪는 공통된 경험이 있습니다. 그것은 바로 '고난'입니다. 신앙생활을 하는 우리도 고난을 겪습니다. 삶의 어두침침한 골짜기를 지나본 적 없는 사람이 있을까요? 고난은 민족과 피부색을 초월하고, 부한 자와 가난한 자를 구분하지 않습니다. 학식의 차이와 남녀노소를 가리지 않습니다.

모든 사람은 고난을 겪습니다. 그리고 고난 앞에서 동일한 반응을 보입니다. 바로 눈물을 흘리는 것입니다. 피부색은 달라도 모두 투명한 눈물을 쏟아냅니다.

인류가 쓰는 수많은 언어 가운데 결코 함께 쓰지 않는 두 단어가 있습니다. 그것은 바로 고난과 기쁨입니다. 어떻게 고난 속에서 기뻐할 수 있겠습니까? 고난에 어울리는 단어는 슬픔과 눈물이지 기쁨이 아닙니다. 그런데 놀랍게도 성경에는 고난과 기쁨이라는 단어가 나란히 등장합니다.

"그러므로 너희가 이제 여러 가지 시험으로 말미암아 잠깐 근심하게 되지 않을 수 없으나 오히려 크게 기뻐하는도다"(벧전 1:6).

베드로는 우리도 사람이기 때문에 고난과 시험 앞에서 근심하지만 그것은 잠시일 뿐 결국 크게 기뻐한다고 말합니다. 도대체 어떻게 이런 일이 가능합니까?

이 본문을 흔히 '송영'이라 칭합니다. 즉 축복송이라는 의미입니다. 헬라어로 3-12절은 놀랍게도 마침표가 없는 하나의 긴 문장입니다. 이 문장의 주제를 나타내는 부분은 베드로전서 1장 3절입니다.

"우리 주 예수 그리스도의 아버지 하나님을 찬송하리로다."

나머지 부분은 이 주제를 설명합니다. 베드로는 예수를 믿는다는 이유 하나 때문에 각지에 흩어져 고난을 당하는 나그네와 같은 성도들에게 편지를 썼습니다. 베드로는 그들에게 하나님을 찬송하자고 제안합니다.

이게 말이 됩니까? 고난은 찬송과 어울리지 않습니다. 고난에 어울리는 것은 원망이지 찬송이 아닙니다. 그러나 누구보다 고난을 많이 겪어 그 의미를 잘 아는 베드로는 고난 가운데 있는 자들에게 이렇게 외칩니다. "우리 모두 하나님 아버지를 찬송합시다!" 당신은 이 말에 동의할 수 있습니까? 사랑하는 배우자가 질병으로 고통받는 것을 옆에서 지켜보면서, 가정이 깨어지는 아픔 속에서, 자기 목숨보다 더 소중한 자녀의 죽음 앞에서 이 말에 동의할 수 있습니까?

그러나 베드로는 우리가 그렇게 해야 하고 또한 그렇게 할 수 있다고 말합니다. 우리가 어떻게 고난 가운데서도 기뻐할 수 있습니까? 베드로는 우리가 고난 가운데서도 기뻐할 수 있는 이유를 다음과 같이 말합니다.

우리에게 영원히 복 주시는 하나님 때문이다

우리가 고난 가운데서도 기뻐할 수 있는 이유는 우리에게 영원히 복 주시는 하나님 때문입니다. 하나님은 우리에게 어떠한 복을 주실까요? 바로 '산 소망'과 '영원한 기업'이라는 복을 주십니다.

"그의 많으신 긍휼대로 예수 그리스도를 죽은 자 가운데서 부활하게 하심으로 말미암아 우리를 거듭나게 하사 산 소망이 있게 하시며"(벧전 1:3).

먼저 산 소망이란 무엇일까요? 이는 성경이 말하는 소망의 특징을 설명하려고 채택한 표현입니다. 성경이 말하는 소망은 세상이 말하는 막연한 희망과는 다릅니다. 성경이 말하는 소망은 확실하고 안전합니다. 우리가 온전히 신뢰할 수 있는 소망입니다. 그래서 산 소망입니다. 로마서는 이렇게 말씀합니다.

"소망이 우리를 부끄럽게 하지 아니함은 우리에게 주신 성령으로 말미암아 하나님의 사랑이 우리 마음에 부은 바 됨이니 우리가 아직 연약할 때에 기약대로 그리스도께서 경건하지 않은 자를 위하여 죽으셨도다"(롬 5:5-6).

소망은 미래 시제입니다. 소망은 미래에 관한 것입니다. 그렇다면 그 소망의 근거는 무엇입니까? 성경은 그 근거가 십자가 사건이라고 말합니다. 그런데 십자가 사건은 미래가 아니라 이미 이천 년 전에 일어난 일입니다. 그럼에도 우리가 붙드는 소망이 확실한 이유는 그 십자가에서 주님이 '우리를 위해' 돌아가셨기 때문입니다. 그래서 우리의 소망이 확실한 것입니다.

또한 우리의 소망을 산 소망이라고 하는데 그 이유는 무엇일까요? 바로 예수님이 우리를 거듭나게 하시려고 무덤에 갇혀 있지 않고 죽음을 이기며 부활하셔서 지금도 우리 곁에 살아 계시기 때문입니다.

이 세상 누구도 우리에게 산 소망을 주지 못합니다. 왜냐하면 사람은 아무도 죽음에서 벗어날 수 없기 때문입니다. 그러나 예수 그리스도는 죽음을 이기고 부활하셨습니다. 그분이 이미 십자가에서 우리의 모든 죄를 담당하고 사흘 만에 부활하여 죄의 권세인 사망을 정복하심으로, 우리를 거듭나게 하셨습니다. 그렇게 거듭난 우리는 주님을 따라 장차 고난의 정점인 죽음을 이기고 부활할 것입니다. 그러므로 우리가 붙드는 소망은 살아 있는 소망입니다. 우리를 살리는 소망인 것입니다. 어떤 고난을 겪을지라도 이 소망을 붙들면 살아납니다. 고난과 역경을 이깁니다. 하나님이 우리에게 은혜로 이 산 소망을 주셨으니 아무리 큰 고난이 온다 해도 우리는 그분을 찬송하지 않을 수 없습니다. 모든 사망과 죄의 권세를 이기신 그분을 우리가 어찌 고난 앞에서 포기하고 찬송하지 않을 수 있겠습니까?

하나님은 우리에게 산 소망을 주실 뿐만 아니라 우리에게 영원한 기업(基業)도 주십니다. 기업은 부모가 자녀에게 물려주는 유산을 의미합니다. 우리는 거듭나는 그 순간 하나님의 자녀가 됩니다. 성경은 아버지이신 하나님이 자녀인 우리에게 기업을 주신다고 말씀합니다.

> "성령이 친히 우리의 영과 더불어 우리가 하나님의 자녀인 것을 증언하시나니 자녀이면 또한 상속자 곧 하나님의 상속자요 그리스도와 함께 한 상속자니 우리가 그와 함께 영광을 받기 위하여 고난도 함께 받아야 할 것이니라"
> (롬 8:16-17).

우리는 그리스도와 함께 상속을 받습니다. 그리스도가 이 땅에 오셔서 영광만 받으셨다면 우리도 고난을 받을 필요가 없을 것입니다. 그러나 주님은 영광과 함께 고난을 받으셨습니다. 그렇기 때문에 그리스도와 함께 상속자가 된 우리에게도 고난이 있습니다. 그러나 우리는 고난을 이기고 승리하신 예수님과 함께 승리할 것입니다.

이제 우리에게 주어진 기업 즉 유업에 대해 살펴보겠습니다. 베드로는 하나님이 우리에게 주신 유업을 설명하기 위해 구체적인 여러 단어를 사용했습니다.

"썩지 않고 더럽지 않고 쇠하지 아니하는 유업을 잇게 하시나니 곧 너희를 위하여 하늘에 간직하신 것이라"(벧전 1:4).

베드로는 우리에게 주어진 유업이 썩지 않고, 더럽지 않고, 쇠하지 않고, 하늘에 간직하신 것이라고 말합니다. 이러한 유업에는 많은 것이 있지만, 그 가운데 명확한 것은 우리가 다시 받을 부활의 몸입니다. 장차 우리의 영만 부활하지 않고 우리의 몸도 부활합니다. 우리는 영원히 썩지 않고 더럽지 않으며 쇠하지 않고 더 이상 늙지 않는 주님이 부활하신 그 몸, 시공간을 초월하여 영원히 존재하는 예수님이 받으신 그 몸을 받게 될 것입니다. 그것은 하늘에 간직되어 있습니다.

이 세상은 잔혹함으로 가득합니다. 세월호에서 억울한 죽음을 당한 아이들을 생각하면 마음이 찢어질 듯 아픕니다. 이러한 비극적인 재난을 우리는 어떻게 이해해야 합니까? 우리의 영원한 기업은 비통하고 압도적인 재난 앞에서 아무런 의미가 없는 것입니까? 절대 그렇지 않습니다.

아무리 비참한 고난을 겪더라도 은혜로 우리를 거듭나게 하신 그분이 우리를 영원한 목적지까지 안전하게 인도하여 훗날 반드시 영원한 기업을 잇게 하실 것입니다. 그러므로 이 땅의 고난 앞에서 우리는 굴복할 수 없습니다. 하나님은 우리에게 산 소망과 더불어 이 세상의 고난과 죽음이 어찌 할 수 없는 영원한 기업을 주셨습니다. 그런데 어떻게 우리가 하나님을 찬송하지 않을 수 있겠습니까?

성경은 하나님이 우리에게 산 소망과 영원한 기업을 주시고 우리를 보호하신다고 말씀합니다.

"너희는 말세에 나타내기로 예비하신 구원을 얻기 위하여 믿음으로 말미암아 하나님의 능력으로 보호하심을 받았느니라"(벧전 1:5).

우리가 하나님의 능력으로 받은 것은 그분의 보호하심입니다. 우리가 아무리 미래를 확신한다 해도, 현재의 고난에 휩쓸리는 연약함이 있을 수밖에 없습니다. 과거 성경에 기록된 믿음의 사람들이 그랬고 우리도 마찬가지입니다. 고난 앞에서 흔들리지 않기는 힘듭니다. 이 사실을 아시는 하나님은 우리를 그분의 능력으로 보호하겠다고 약속하십니다. 우리는 고난 속에서 종종 부르짖습니다. 왜 우리에게 그 능력이 나타나지 않는지 묻습니다. 성경은 이렇게 답합니다.

"믿음으로 말미암아 하나님의 능력으로 보호하심을 받았느니라"(벧전 1:5).

우리는 종종 하나님의 능력이라는 말에 눈이 멀어 앞의 말을 놓칠 때가 많습니다. "믿음으로 말미암아"라는 말이 능력 앞에 등장합니다. 문제는 믿음입니다. 하나님과 그분이 주시는 은혜에 대한 믿음의 부족이 문제인 것입니다. 만일 우리가 산 소망과 영원한 기업을 주며, 지금도 살아 계셔서 고난 가운데 능력으로 우리를 보호하시는 하나님을 인생의 풍랑 가운데서도 굳게 믿는다면, 끝까지 하나님을 찬송할 수 있습니다. 우리는 어떤 고난 앞에서도 그분의 보호를 받을 수 있습니다.

우리가 고난 가운데 기뻐할 수 있는 이유는 바로 이렇게 우리에게 복 주시는 하나님 때문입니다. 우리에게 산 소망과 영원한 기업을 주고 지금도 살아 계셔서 능력으로 우리를 보호하기 원하시는 하나님 때문에 우리는 고난 가운데서도 기뻐할 수 있습니다.

다시 오실 예수님이 주실 상급 때문이다

또한 베드로는 우리가 고난 가운데 기뻐할 수 있는 이유가 다시 오실 예수님이 주실 상급 때문이라고 말합니다. 이 땅에서 우리의 믿음이 흔들리는 이유는 믿음이 육신의 눈으로는 보이지 않기 때문입니다. 믿음이 보인다면 얼마나 좋겠습니까? 주님이 주실 복이 눈에 보이면 얼마나 좋겠습니까? 그러나 보이지 않아도 우리가 지닌 믿음은 확실합니다. 그것이 어찌나 확실한지, 성경은 이렇게 말씀할 정도입니다.

"너희 믿음이 확실함은 불로 연단하여도 없어질 금보다 더 귀하여"(벧전 1:7).

성경은 믿음이 불로 연단하여 없어질 금보다 더 귀하다고 말씀합니다. 금은 녹슬지 않고 오래갑니다. 그런데 성경은 금도 세월이 흐르면 사라진다고 말씀합니다.

"너희 조상이 물려 준 헛된 행실에서 대속함을 받은 것은 은이나 금 같이 없어질 것으로 된 것이 아니요"(벧전 1:18).

이처럼 세월이 흐르면 견고해 보이는 금도 사라집니다. 그러나 우리의 믿음은 영원하고 확실합니다. 비록 이 땅에서 우리는 고난을 받지만, 주님 다시 오실 그날에 우리의 믿음은 우리에게 영광과 존귀를 안겨줄 것입니다. 이처럼 우리의 믿음은 금보다 더 확실합니다.

우리는 주님을 보지 못했지만 그분을 믿고 사랑합니다. 주님만 생각하면 가슴이 설렙니다. 왜냐하면 주님을 믿음으로 구원을 얻었기 때문입니다. 만일 우리가 보지 않고도 주님을 믿고 이 땅에서 고난을 견뎌내면 장차 주님이 영광 가운데 다시 오셔서 우리를 칭찬하며 존귀하게 하실 것입니다.

고난을 통과한 우리에게 장차 주님이 주실 상급은 주님만큼 확실하고 우리가 받은 구원만큼 확실합니다. 이 땅의 고난이 끝이 아닙니다. 우리에게는 미래가 있습니다. 가장 좋은 것은 아직 오지 않았습니다. 그래서 요한은 환상 가운데 미래를 바라보고 이렇게 기록합니다.

> "하나님이 그들과 함께 계시리니 그들은 하나님의 백성이 되고 하나님은 친히 그들과 함께 계셔서 모든 눈물을 그 눈에서 닦아 주시니 다시는 사망이 없고 애통하는 것이나 곡하는 것이나 아픈 것이 다시 있지 아니하리니"(계 21:3-4).

어릴 때 밖에서 억울한 일을 당하고 울어본 일이 있을 것입니다. 억울한 일을 당하거나 친구들에게 놀림을 받고 분한 마음으로 집에 들어와서 울면 어머니가 눈물을 닦아주지 않습니까? 그러면 마음이 편안하지 않습니까? 성경은 이와 같은 이 일이 우리에게 일어날 것이라고 말씀합니다.

우리는 때로 이 땅에서 고난의 눈물을 흘리지만 주님이 오시면 우리 눈에 흐르는 눈물을 닦아 주실 것입니다. 우리는 이 사실을 믿어야 합니다. 우리가 고난 가운데 주님을 찬양해야 할 이유는 무엇입니까? 어떻게 그분을 찬양할 수 있습니까? 우리에게 영원히 복 주시는 하나님 때문입니다. 고난 가운데 인내한 우리를 존귀케 하고 상급을 줄 다시 오실 예수님 때문입니다.

우리에게 구원을 전하시는 성령의 역사 때문이다

마지막으로 우리가 고난 가운데 기뻐할 수 있는 이유는 우리에게 구원을 전하시는 성령의 역사 때문입니다. 10-12절은 상당히 어렵게 느껴집니다. 그러나 사실 그 내용은 매우 간단합니다. 베드로는 우리가 어떻게 복음을 받았는지 설명합니다. 그것이 10-12절의 내용입니다.

우리는 두 가지 경로로 복음을 받았습니다. 하나는 구약의 선지자들이고 하나는 복음 전하는 자들입니다. 구약의 선지자들은 복음에 대해 부지런히 살피고 연구했습니다. 그 결과 그들은 대단한 것을 발견했습니다. 바로 그리스도의 고난과 영광이라는 거대한 두 산이었습니다.

멀리 있는 두 개의 산이 쌍둥이처럼 붙어 있는 것처럼 보일 때가 있습니다. 그런데 차를 타고 수십 킬로미터를 달려가서 보면 놀랍게도 그 산과 산이 나란하지 않고 수십 킬로미터 떨어져 있는 것을 깨닫게 됩니다.

구약의 선지자들이 구원에 대해 본 것이 이와 같습니다. 그들은 그리스도의 고난과 영광을 함께 보았습니다. 두 산을 동시에 본 것입니다. 그들은 주님이 돌아가신 갈보리산과 주님이 장차 재림하실 감람산을 모두 보았습니다. 그러나 그들은 한 가지를 보지 못했습니다. 그것은 바로 갈보리산과 감람산 사이에 있는 고난의 계곡입니다.

그들은 초림의 예수님과 재림의 예수님을 동일하게 생각했습니다. 그래서 제자들은 예수님이 부활하신 40일 이후에 나아와 이렇게 물었습니다. "주여, 이스라엘 나라를 회복하실 때가 이때입니까? 이제 지체 말고 이스라엘을 회복합시다. 로마를 무너뜨리고 이 땅에 하나님의 왕국을 세웁시다!"

그러나 그들은 교회 시대를 알지 못했기 때문에 이렇게 말한 것입니다. 갈보리산과 감람산 사이의 교회 시대 즉 은혜의 시대를 말입니다. 그러나 이 은혜의 시대는 고난의 시대이기도 합니다. 우리가 이 땅에서 고난을 당하는 이유는 지금 그 두 산 사이의 계곡을 지나고 있기 때문입니다. 이 땅의 삶에는 하나님의 은혜도 있지만 고난도 있습니다.

그렇다면 선지자들은 구원에 대해 어째서 그렇게 열심히 살피고 연구한 것입니까? 이에 대해 성경은 바로 우리를 위함이었다고 말씀합니다. 우리에게 구원의 복음을 전해주려고 구약의 선지자들을 사용하셨다는 것입니다.

"이 구원에 대하여는 너희에게 임할 은혜를 예언하던 선지자들이 연구하고 부지런히 살펴서 자기 속에 계신 그리스도의 영이 그 받으실 고난과 후에 받으실 영광을 미리 증언하여 누구를 또는 어떠한 때를 지시하시는지 상고하니라"(벧전 1:10-11).

성령 하나님은 우리에게 구원을 전하고 가르치려고 구약의 선지자들만 사용하신 것이 아니고, 복음을 전하는 자들도 사용하셨습니다.

"이 섬긴 바가 자기를 위한 것이 아니요 너희를 위한 것임이 계시로 알게 되었으니 이것은 하늘로부터 보내진 성령을 힘입어 복음을 전하는 자들로 이제 너희에게 알린 것이요 천사들도 살펴보기를 원하는 것이니라"(벧전 1:12).

성경은 구약의 선지자들과 복음 전하는 자들을 통해 성령이 우리에게 전하신 그 구원의 복음이 너무나 귀해서, 천사들도 그 구원을 살펴보기 원했다고 말씀합니다. 구약의 선지자들과 복음 전하는 자들을 사용하여 우리에게 복음을 전하신 성령은 지금도 우리 안에서 역사하십니다. 그분은 선지자들과 복음 전하는 자들을 통해 우리에게 이 귀한 구원을 주셨을 뿐만 아니라 지금도 우리 마음 안에서 역사하십니다. 바로 우리가 받은 이 구원이 너무 대단하고 귀해서 이 땅의 질병과 죽음, 어떤 고난도 흔들 수 없는 하나님의 유업이라는 것을 지금도 가르쳐 주십니다.

육신을 지닌 우리는 모두 고난 앞에서 잠시 근심합니다. 그러나 우리는 고난 앞에 무릎을 꿇지 않습니다. 오히려 고난 속에서 기뻐할 수 있습니다. 우리에게 영원히 복 주시는 하나님과 장차 이 땅에 다시 오셔서 우리를 존귀하게 하실 예수님 때문입니다. 지금도 선지자들과 복음 전하는 자들을 통해 우리에게 구원을 주며, 그 구원의 깊은 귀한 도리를 가르치시는 성령 하나님 때문입니다. 그러므로 우리는 이 세상의 어떤 고난도 이길 수 있을 뿐 아니라 고난 앞에서 기뻐할 수 있습니다.

　우리가 이 귀한 복음을 소유하게 되기를 기도합니다. 세월호 참사로 사랑하는 자녀를 잃고 비통해하는 유가족들을 누가 감히 위로할 수 있을까요? 정치인이나 종교인으로서는 결코 그들을 위로할 수 없습니다. 오직 고난도 어찌하지 못할 하나님의 영원한 유업을 받고 복음의 감격을 아는 자만이 그들을 위로할 수 있습니다. 우리는 영광스러운 하나님의 복음을 전하는 통로가 되어 고난 속에 있는 자들을 위로하고 도우며 살라는 부르심을 받았습니다. 이 부르심에 자신을 내어 맡기는 우리가 되기를 기도합니다.

3장

정결하지 않은 곳에서 정결하게 살기

베드로전서 1:13-21

[13]그러므로 너희 마음의 허리를 동이고 근신하여 예수 그리스도께서 나타나실 때에 너희에게 가져다 주실 은혜를 온전히 바랄지어다 [14]너희가 순종하는 자식처럼 전에 알지 못할 때에 따르던 너희 사욕을 본받지 말고 [15]오직 너희를 부르신 거룩한 이처럼 너희도 모든 행실에 거룩한 자가 되라 [16]기록되었으되 내가 거룩하니 너희도 거룩할지어다 하셨느니라 [17]외모로 보시지 않고 각 사람의 행위대로 심판하시는 이를 너희가 아버지라 부른즉 너희가 나그네로 있을 때를 두려움으로 지내라 [18]너희가 알거니와 너희 조상이 물려 준 헛된 행실에서 대속함을 받은 것은 은이나 금 같이 없어질 것으로 된 것이 아니요 [19]오직 흠 없고 점 없는 어린 양 같은 그리스도의 보배로운 피로 된 것이니라 [20]그는 창세 전부터 미리 알린 바 되신 이나 이 말세에 너희를 위하여 나타내신 바 되었으니 [21]너희는 그를 죽은 자 가운데서 살리시고 영광을 주신 하나님을 그리스도로 말미암아 믿는 자니 너희 믿음과 소망이 하나님께 있게 하셨느니라.

구원받은 이후에 그리스도인들이 이 땅에 살면서 직면하는 가장 중요한 문제는 이 타락한 세상에서 어떻게 하나님을 닮아 거룩하게 살 것인가 하는 것입니다. 과거 교회 역사를 살펴보면 믿음의 선배들이 이 문제를 해결하려고 수많은 방법을 사용했음을 알 수 있습니다.

어떤 사람들은 아무도 살지 않는 외딴 곳에 들어가 혼자 사는 은둔의 방법을 택했습니다. 그렇게 하면 죄를 짓지 않을 거라고 생각한 것입니다. 또 어떤 사람들은 세상과 동떨어진 수도원을 만들어 함께 사는 공동생활을 시도했습니다. 조금 더 적극적인 사람들은 아예 세상에는 희망이 없다고 생각하여 새로운 사회를 건설하려고 했습니다. 또 어떤 사람들은 적극적으로 "이 세상에 있는 모든 죄를 몰아내자!"라고 외치기도 했습니다. 방법은 다르지만 시작은 같았습니다. 어떻게 이 타락한 세상에서 구원받은 그리스도인으로 거룩하게 살 수 있을까 하는 고민이었습니다.

성경은 우리에게 어떤 방법을 제시합니까? 성경은 은둔자나 수도사, 이상주의자나 과격한 자들과는 전혀 다른 접근을 합니다. 성경은 우리에게 세상으로 나아가라고 말씀합니다. 그런데 정결하지 않은 세상에서 어떻게 정결한 삶을 살 수 있습니까?

하나님은 베드로를 통해 고난을 이기는 방법과 유혹에 올바르게 대처하여 세상에서 정결하게 사는 방법을 가르쳐 주십니다.

올바른 것을 바라보라

타락한 세상에서 거룩함을 유지하려면 올바른 것을 바라보아야 합니다. 우리가 이 세상에서 정결함을 유지하기 위해 해야 할 일이 성경에 기록되어 있습니다.

"그러므로 너희 마음의 허리를 동이고 근신하여 예수 그리스도께서 나타나실 때에 너희에게 가져다주실 은혜를 온전히 바랄지어다 너희가 순종하는 자식처럼 전에 알지 못할 때에 따르던 너희 사욕을 본받지 말고 오직 너희를 부르신 거룩한 이처럼 너희도 모든 행실에 거룩하라"(벧전 1:13-15).

"마음의 허리를 동이고", "근신하여", "사욕을 본받지 말고", "거룩하라", "은혜를 바랄지어다"라는 것입니다. 베드로는 이 모든 명령을 강조하기 위해 단문을 사용했습니다. 음악적으로 말하자면, 딱딱 끊어지는 스타카토로 이 다섯 가지 명령을 연속적으로 쏟아냈습니다.

이 다섯 가지가 동일한 명령처럼 보이지만 헬라어로 살펴보면 두 가지는 주동사이고, 세 가지는 분사입니다. 이 세 가지 분사는 두 가지의 주동사를 서술합니다. 먼저 "마음의 허리를 동이고", "근신하여", "사욕을 본받지 말고"는 분사입니다. "은혜를 바랄지어다"와 "거룩하라"는 주동사입니다. 놀랍게도 주동사에는 "은혜를 바랄지어다"와 "거룩하라"라는 명령이 나란히 나옵니다.

베드로가 "은혜를 바랄지어다"와 "거룩하라"를 똑같이 기록한 이유는 무엇일까요? 그것은 바로 소망과 거룩이 서로 밀접하게 연관되어 있기 때문입니다. 그래서 사도 요한은 소망과 거룩의 관계를 이렇게 설명합니다.

"사랑하는 자들아 우리가 지금은 하나님의 자녀라 장래에 어떻게 될지는 아직 나타나지 아니하였으나 그가 나타나시면 우리가 그와 같을 줄을 아는 것은 그의 참모습 그대로 볼 것이기 때문이니 주를 향하여 이 소망을 가진 자마다 그의 깨끗하심과 같이 자기를 깨끗하게 하느니라"(요일 3:2-3).

소망과 거룩은 분리된 것이 아닙니다. 성경은 이 세상에서 거룩하게 사는 방법은 바로 주님이 주신 이 올바른 소망을 바라보는 것이라고 말씀합니다.

이것이 베드로가 소망과 거룩을 주동사로 나란히 사용한 이유입니다. 이 두 가지 동사 가운데 거룩을 살펴보겠습니다.

이 타락한 세상에서 우리는 어떻게 거룩할 수 있습니까? 이 주제를 놓고 생각해 볼 때 그 방법을 보여주는 주동사는 하나뿐입니다. 이 세상에서 거룩하게 사는 방법은 온전하고 올바른 것을 바라보는 것입니다. 다시 말해 우리가 올바른 소망을 가질 때, 이 땅에서 정결하게 살 수 있다는 것입니다.

그러면 어떻게 올바른 것을 소망할 수 있을까요? 우리는 어떤 자세로 이 올바른 것을 소망해야 합니까? 베드로는 세 가지 분사를 통해 소망을 바라는 세 가지 자세를 가르쳐줍니다. 먼저 "마음의 허리를 동이고"입니다. 허리띠를 단단히 매듯이 마음의 허리를 동이라고 말합니다. 이것은 쉽게 말해 각오를 단단히 하자는 것입니다.

왜 우리가 이 땅에서 올바른 것을 소망하기 위해 각오를 단단히 해야 합니까? 그 이유는 우리가 사는 세상이 만만치 않기 때문입니다. 성경은 '세상'이라는 단어를 여러 의미로 사용합니다. "하나님이 세상을 이처럼 사랑하사"에서의 세상은 이 땅에 사는 모든 인류를 의미합니다. 그런데 "이 세상이나 세상에 있는 것들을 사랑치 말라"에서의 세상은 사탄이 심은 잘못된 구조를 의미합니다. 유명한 헬라어 문법학자 케네스 웨스트(Kenneth Wuest)는 두 번째 의미의 세상을 이렇게 정의합니다.

> "세상은 사탄이 그 머리이고, 마귀들이 그 밀사이며, 구원받지 못한 사람들이 그 백성이다. 종종 이 세상 체계는 종교적이고 교양이 있으며, 세련되고 지적으로 보이지만 그 본질은 반(反) 하나님이며 적그리스도적이다."

특별히 현대사회에서는 보는 것을 주의해야 합니다. 왜냐하면 우리 시선을 빼앗는 것들이 주위에 많기 때문입니다. 이것은 올바른 것이 저절로 보이지 않는다는 말과 같습니다. 구원받고 가만히 있으면 올바른 것을 소망하게 될까요? 결코 그렇지 않습니다. 이 세상에는 우리 눈을 미혹하는 것이 너무 많습니다. 그것은 하나님이 아닌 다른 것을 바라보게 합니다. 그래서 우리는 올바른 것을 바라보기 위해 마음의 허리를 단단히 동여야 합니다.

"근신하여"는 영과 정신의 술 취함에서 벗어나는 것을 의미합니다. 이 세상은 지금도 우리의 영과 정신에 끊임없이 알코올을 들이붓습니다. 정신차리고 근신하지 않으면 자기도 모르는 사이, 이 세상이 들이붓는 것에 취해서 살 수밖에 없다는 것입니다.

돈이 모든 것을 결정하고 인기가 있으면 전부라고 생각하는 세상, 자신의 성공을 위해 남을 짓밟는 세상, 이러한 세상의 가치관이 지금도 우리를 괴롭힙니다. 그래서 우리는 정신을 차려야 합니다. 세상의 가치관에 취하지 않도록 근신해야 합니다.

올바른 것을 소망하려면 마음의 허리를 동이고 근신하여 이 세상의 사욕을 본받지 말아야 합니다. 바울은 구원받기 전 우리의 삶을 이렇게 묘사했습니다.

"전에는 우리도 다 그 가운데서 우리 육체의 욕심을 따라 지내며 육체와 마음의 원하는 것을 하여 다른 이들과 같이 본질상 진노의 자녀이었더니"(엡 2:3).

그러나 우리는 이제 하나님의 자녀가 되었습니다. 그래서 베드로는 우리를 다음과 같이 권면합니다.

"너희가 순종하는 자식처럼 전에 알지 못할 때에 따르던 너희 사욕을 본받지 말고"(벧전 1:14).

"순종하는 자식처럼"이라는 말씀은 우리가 이제 과거와 달리 순종하는 자녀가 되었으니, 순종하는 자녀로서 마땅히 세상의 사욕을 본받지 말아야 한다는 것입니다. 정말 거룩하게 살고 싶습니까? 그렇다면 보는 것을 조심하기 바랍니다. 보는 것이 우리의 삶을 결정합니다. 눈은 언제나 마음과 긴밀한 연관이 있습니다. 우리의 눈은 날마다 매력적이고 관능적이며 즐거운 것들을 보기 원합니다.

지금처럼 눈이 어지러운 시대가 있었을까 하는 생각이 듭니다. 과거 힘든 때에 우리 믿음의 조상들은 확실한 소망을 소유했습니다. 그들은 천국만을 바라보았습니다. 그러나 삶이 부요하고 문명이 발달한 지금 우리에게는 보암직한 것이 너무 많습니다. 그래서 소망이 점점 희미해집니다. 하나님은 이러한 상황의 우리를 향해 이렇게 권면하십니다.

> "그러므로 너희가 그리스도와 함께 다시 살리심을 받았으면 위의 것을 찾으라…위의 것을 생각하고 땅의 것을 생각하지 말라"(골 3:1-2).

본문의 내용은 현재형입니다. 끊임없이 위의 것을 생각하고 끊임없이 땅의 것을 생각하지 말아야 합니다. 거룩하게 살고 싶습니까? 그렇다면 오직 마음의 허리를 동이고 근신하여 사욕을 버리고 하나님이 주신 올바른 소망을 바라보기 바랍니다.

두려움 가운데 행하라

거룩하게 사는 두 번째 방법은 두려움 가운데 행하는 것입니다. 쉽게 말해 당장 눈에 보이는 것만 보고 살지 말고 훗날 다가올 결과를 심각하게 생각하며 살라는 것입니다. 왜냐하면 우리에게는 이 땅에서의 모든 삶에 대한 결산의 때가 있기 때문입니다.

"외모로 보시지 않고 각 사람의 행위대로 심판하시는 이를 너희가 아버지라 부른즉 너희가 나그네로 있을 때를 두려움으로 지내라"(벧전 1:17).

현대인은 두려움이라는 단어를 싫어합니다. 사랑과 은혜, 용납과 용서, 자비 같은 단어를 좋아합니다. 그러나 세상의 풍조가 그렇더라도, 그리스도인은 그렇게 해서는 안 됩니다.

우리가 세상 사람들처럼 성경의 반쪽 진리만을 고집한다면 우리의 삶은 망가질 것입니다. 옛날 어른들은 '아비 없는 자식'이라는 말을 많이 썼습니다. 물론 이 말은 문자적으로 아버지 없이 자란 사람을 뜻하지만 그 속뜻은 가정에서 어릴 때부터 두려워하는 사람 없이 버릇없이 자랐다는 것입니다.

그러므로 이 구절이 말하는 바는 바로 이것입니다. 아버지이신 하나님은 우리에게 사랑과 은혜를 베푸시지만 동시에 그분은 거룩하고 엄하며 우리를 심판하는 분이시라는 것입니다. 우리가 정말 하나님을 아버지라고 부르는 구원받은 하나님의 자녀라면 이 땅에 사는 동안 아버지 하나님을 향한 존경심이 드러나도록 행동해야 한다는 것입니다.

그런 의미에서 오늘날 교회 안에는 아버지 없는 자녀가 많습니다. 하나님을 두려워할 줄 모릅니다. 그들은 그저 주일에 교회에서 예배를 드리면 세상에서 어떻게 살든 상관없다고 생각합니다. 혹은 십일조 한 번 드리면 삶이 어떻든 하나님이 자신을 사랑하실 것이라고 착각합니다. 이것은 하나님을 모독하는 것입니다. 하나님을 경외하지 않는 것입니다. 우리의 아버지는 어떤 분이십니까? 훗날 우리의 삶을 면밀히 결산하고 평가하실 분입니다.

"기록되었으되 주께서 이르시되 내가 살았노니 모든 무릎이 내게 꿇을 것이요 모든 혀가 하나님께 자백하리라 하였느니라 이러므로 우리 각 사람이 자기 일을 하나님께 직고하리라"(롬 14:11-12).

이날의 광경을 상상해 보십시오. 우리는 죽으면 하나님의 심판대 앞에 섭니다. 그곳에서 우리는 자신의 삶을 셈하게 될 거라고 성경은 말씀합니다. 하나님은 그날 우리의 삶을 헤아리고 그에 따라 상을 주실 것입니다. 물론 이것이 천국에 들어가는 것에 대한 심판은 아닙니다. 우리는 모두 천국에 들어갑니다. 그러나 하나님은 그 천국에서 이 땅에서 행한 우리의 모든 행동을 셈할 것이라고 말씀하십니다. 그에 따라 어떤 사람은 상을 받지만 어떤 사람은 부끄러운 구원을 얻을 것입니다. 그 방법과 모습을 자세히 알 수는 없지만 고린도전서 3장에서 바울이 말한 것은 바로 이런 모습과 같습니다. 우리가 천국에 갔는데, 큰 트럭이 와서 짐을 내려놓습니다. 그 짐은 땅에서의 삶입니다. 짐이 산처럼 쌓였기 때문에 '대단히 많은 일을 했구나!' 하고 감탄합니다. 그런데 주님이 천사들과 함께 그 짐에 불을 붙이십니다. 그러자 그 짐이 다 타버리고 재밖에 남은 것이 없습니다.

땅에서는 사람들에게 칭송을 받았을지 모릅니다. 왜냐하면 사람은 겉모습만 보기 때문입니다. 그러나 하나님은 우리 마음의 모든 동기를 아십니다. 혼자 있을 때 어떤 일을 했는지, 어떤 생각을 했는지, 무엇을 중요하게 생각하며 살았는지, 가정에서의 모습은 어떠했는지 등을 다 아십니다. 그 행위대로 하나님은 우리를 심판하실 거라고 말씀하십니다.

그래서 베드로는 하나님 아버지가 불꽃 같은 눈으로 우리를 살피며 장차 우리의 삶을 심판하실 것이기 때문에 이 땅에 사는 동안 심판받을 자처럼 두려워하며 살라고 말합니다. 이 땅에서 사람들이 돈 버는 일에 쉽게 마음을 빼앗기고 쾌락을 즐길 때에도 우리가 거룩한 길을 걸어가야 하는 이유는 무엇입니까? 이유는 하나입니다. 우리를 구원하신 그 엄위하고 거룩하며 높으신 하나님이 우리의 삶을 다 셈하고 심판하실 것이기 때문입니다.

구원의 가치를 묵상하라

마지막으로 우리가 이 땅에서 거룩하기 살기 위해서는 구원의 가치를 묵상해야 합니다.

우리가 이 땅에 살면서 무절제한 행동을 제어할 수 있는 방법 가운데 하나는 신분 의식을 갖는 것입니다. 신분 의식은 간단히 말해 자신이 누구인지 알고 살아가는 것을 의미합니다. 자기가 어느 위치에 있는지 스스로 아는 것입니다. 이런 의식을 갖고 사는 사람은 행동을 조심합니다. 그러나 자신이 누구인지, 어떤 자리에 있는지 알지 못한다면 마음대로 살게 됩니다. 오늘날 우리 주위에 이런 사람들이 얼마나 많은지 모릅니다.

어떤 사람은 결혼을 하고 한 가정의 가장이 되었는데도 가장이라는 신분의 의미를 전혀 모릅니다. 그래서 가족에 대한 책임은 뒤로하고 자기가 하고 싶은 것만 합니다. 마땅히 가족의 생계를 책임지고 보호해야 하는데, 오히려 자신의 편의를 위해 가족을 이용합니다. 이는 신분 의식이 없는 것입니다.

그러나 자신이 누구인지 분명하게 알면 달라집니다. 신분 의식이 있으면 우리의 행위가 바뀝니다. 자신이 누구인지 아는 것이 우리의 행동을 좌우하는 것입니다. 그래서 베드로는 이 타락한 세상에서 거룩함을 유지하는 방법을 제시하며 우리가 누구인지, 우리가 받은 구원이 얼마나 가치 있는 것인지 설명하기 시작합니다. 우리는 어떻게 구원을 받았습니까?

"너희가 알거니와 너희 조상이 물려 준 헛된 행실에서 대속함을 받은 것은 은이나 금 같이 없어질 것으로 된 것이 아니요 오직 흠 없고 점 없는 어린 양 같은 그리스도의 보배로운 피로 된 것이니라"(벧전 1:18-19).

베드로 당시도 그렇지만 지금도 금은 매우 귀합니다. 흔히 금은 녹슬지 않는다고 생각합니다. 그러나 영원의 시간에서 보면 금도 다 닳아 없어집니다. 우리가 받은 구원은 이 땅의 사람들이 가장 중요하게 생각하는 금이나 은, 보석으로 인한 것이 아닙니다. 우리는 오직 영원한 성자 하나님이신 예수 그리스도의 피로 구원받았습니다. 그렇다면 우리를 구원한 예수님은 누구십니까?

"그는 창세전부터 미리 알린 바 되신 이나 이 말세에 너희를 위하여 나타내신 바 되었으니"(벧전 1:20).

예수님은 이 땅을 지은 분이십니다. 창세전에 계셨던 성자 하나님이십니다. 그런데 그 귀한 창조주 하나님이 우리를 구원하려고 이 땅에 인간의 몸을 입고 오셨습니다. 예수님은 오셔서 무엇을 하셨습니까? 먼저 그분의 피로 우리를 구속하셨습니다. 그리고 나머지 두 가지 일을 성경은 이렇게 말씀합니다.

"너희는 그를 죽은 자 가운데서 살리시고 영광을 주신 하나님을 그리스도로 말미암아 믿는 자니 너희 믿음과 소망이 하나님께 있게 하셨느니라"(벧전 1:21).

과거에 우리는 없어질 금은보화를 추구하며, 이 세상이 전부라고 믿었습니다. 부귀영화가 전부인 줄 알았습니다. 그렇게 소망 없이 살던 우리에게 그리스도 예수 안에 있는 놀라운 소망을 보게 하셨습니다. 그 귀하신 예수님의 피로 이루신 구원! 우리로 하나님을 알게 하신 그 놀라운 구원! 우리로 하여금 이 땅의 썩어질 것이 아닌 영원한 하늘나라와 하나님을 바라보게 하신 구원!

이 구원이 얼마나 귀합니까? 우리는 이 구원을 이미 얻었습니다.

구원을 통해 우리는 죄 사함과 대속함을 받았습니다. 또한 영원한 하나님 아버지를 모시게 되었습니다. 구원으로 말미암아 영생을 소유하고 천국을 소망하게 되었습니다. 우리는 이렇게도 귀한 구원을 얻은 자입니다. 우리는 이렇게도 귀한 하나님의 자녀입니다. 우리는 이 세상의 가치관이나 욕심에 자신을 함부로 던져 버릴 수 없는 귀한 자들입니다. 하나님과 더불어 영원히 살 존귀한 하나님의 자녀요, 거룩한 나라요, 하나님의 백성입니다.

이 구원의 가치를 묵상하십시오. 오랜 시간 목회를 하고 돌아보니, 모든 것이 구원이었음을 깨닫습니다. 젊었을 때는 구원이 신앙생활의 기초인 줄만 알고 구원을 한 번 가르치고 지나갔습니다. 그런데 성경을 알면 알수록 구원은 기초가 아닌 전부입니다. 왜 작은 이익과 돈 몇 푼에 함부로 자신의 양심을 팝니까? 구원을 몰라서 그렇습니다. 왜 질병에 걸리면 세상이 다 꺼진 것처럼 낙심하고 슬퍼합니까? 구원을 몰라서 그렇습니다. 왜 교회에서 봉사하다가 작은 말 한마디에 마음이 상해 다 그만두고 성도끼리 싸우는 겁니까? 구원을 몰라서 그렇습니다.

기도할 때 구원의 감격을 회복하게 해달라고 기도하기 바랍니다. 다윗처럼 "주여! 내게 구원의 기쁨을 회복시켜 주시옵소서"라고 부르짖기 바랍니다. 구원의 가치를 알면 알수록 함부로 살 수 없습니다. 작은 유혹에 넘어질 수도 없고 고난 앞에 무릎을 꿇을 수도 없습니다. 구원의 가치를 알면 담대하게 나아갑니다. 가난하면 좀 어떻습니까? 남보다 돈이 없으면 어떻습니까? 못 배웠으면 어떻고, 재능이 부족하고 키가 작으면 어떻습니까? 구원의 가치를 알면 우리의 삶이 달라집니다.

이 영원한 구원의 복을 받아 하나님이 주신 올바른 것을 소망하기 바랍니다. 우리를 심판하실 하나님을 경외하고 구원의 가치를 묵상하며 살아가는 성도가 되기를 소망합니다.

4장

공동체 세우기

베드로전서 1:22-2:3

²²너희가 진리를 순종함으로 너희 영혼을 깨끗하게 하여 거짓이 없이 형제를 사랑하기에 이르렀으니 마음으로 뜨겁게 서로 사랑하라 ²³너희가 거듭난 것은 썩어질 씨로 된 것이 아니요 썩지 아니할 씨로 된 것이니 살아 있고 항상 있는 하나님의 말씀으로 되었느니라 ²⁴그러므로 모든 육체는 풀과 같고 그 모든 영광은 풀의 꽃과 같으니 풀은 마르고 꽃은 떨어지되 ²⁵오직 주의 말씀은 세세토록 있도다 하였으니 너희에게 전한 복음이 곧 이 말씀이니라 ²:¹그러므로 모든 악독과 모든 기만과 외식과 시기와 모든 비방하는 말을 버리고 ²갓난아기들 같이 순전하고 신령한 젖을 사모하라 이는 그로 말미암아 너희로 구원에 이르도록 자라게 하려 함이라 ³너희가 주의 인자하심을 맛보았으면 그리하라.

요즘 우리 사회에서 가장 큰 문제는 바로 공동체의 붕괴입니다. 가정이 급격하게 무너지고, 사회 단체나 모임의 결속력이 점점 약해집니다. 예를 들어 과거에 학교는 관계를 중시하는 공동체였지만, 현재는 그저 공부만 하는 곳으로 여겨집니다. 이것은 교회도 마찬가지입니다. 사람들이 대형 교회를 선호하게 되면서 교회는 이제 종교 행사를 하는 곳으로 전락해버렸습니다. 이러한 공동체의 붕괴는 지금 우리 사회를 송두리째 흔들고 있습니다.

사람은 관계의 존재입니다. 그래서 아무리 부유하다 해도 관계가 뒤틀리면 그 삶은 불행합니다. 이것이 바로 이 시대를 사는 사람들이 그 어느 때보다 더 나은 환경 속에 살면서도 극심한 불행을 느끼는 이유입니다. 이러한 때에 세상의 등불로 부름 받은 우리 그리스도인들이 어떻게 공동체를 세울 수 있을지 함께 고민하기 원합니다.

하나님은 무너져가는 가정을 세우고 우리 사회를 떠받치는 그리스도의 몸인 교회를 세우며, 공동체 의식이 무너져가는 이 사회를 다시 일으켜 세울 수 있는 몇 가지 전략을 본문을 통해 말씀하십니다.

뜨겁게 서로 사랑하라

먼저 하나님은 우리가 진정으로 공동체를 세우기 원한다면 무엇보다 뜨겁게 서로 사랑해야 한다고 말씀하십니다. 서로 사랑하라는 말씀은 우리가 모두 아는 말씀인데, 주님은 마지막 만찬 자리에서 이 계명을 우리에게 주셨습니다.

> "새 계명을 너희에게 주노니 서로 사랑하라 내가 너희를 사랑한 것 같이 너희도 서로 사랑하라"(요 13:35).

여기서 중요한 것은 바로 사랑하라는 명령 앞에 붙은 수식 어구 "내가 너희를 사랑한 것 같이"입니다. 이것은 예수님이 주신 계명의 사랑은 우리가 세상에서 배운 사랑이 아니라는 것입니다. 단어는 같지만 주님은 사랑이라는 단어에 새로운 의미를 불어넣으셨습니다. 그런데 많은 성도가 이것을 오해합니다.

주님은 세상에서 우리가 배우고 경험한 사랑을 이야기하신 게 아닙니다. "내가 너희를 사랑한 그 사랑으로 서로 사랑하라"라고 말씀하셨습니다. 이것이 주님이 우리에게 주신 계명입니다.

그런데 베드로도 똑같은 방법을 사용합니다. 우리는 뜨겁게 사랑하라는 말씀을 모르지 않습니다. 이 말씀을 누가 모르겠습니까? 그러나 베드로는 세상이 말하는 것과는 다른 뜨거운 사랑의 세 가지 특성을 이렇게 말합니다.

> "너희가 진리를 순종함으로 너희 영혼을 깨끗하게 하여 거짓이 없이 형제를 사랑하기에 이르렀으니 마음으로 뜨겁게 서로 사랑하라"(벧전 1:22).

진리에 순종하는 것

이 본문이 말하는 뜨거운 사랑은 아무나 할 수 있는 게 아닙니다. 세상에서 모든 사람이 하는 그런 사랑이 아닌 것입니다. 공동체를 살리는 뜨거운 사랑의 특성은 무엇일까요? 진리에 순종하는 것입니다. 하나님의 말씀인 진리에 순종하는 자만이 뜨겁게 사랑할 수 있습니다.

자신의 영혼을 깨끗하게 하는 것

공동체를 살리는 뜨거운 사랑의 두 번째 특성은 자신의 영혼을 깨끗하게 하는 것입니다. 영혼이 깨끗하지 않다면 이 말씀에 나타난 사랑하라는 명령을 이행할 수 없습니다.

거짓 없이 형제를 사랑하는 것

뜨거운 사랑의 마지막 특성은 거짓 없이 형제를 사랑하는 것입니다. 언뜻 보면 이 마지막 특성은 뜨겁게 사랑하라는 명령과 중복된 듯하지만 사실은 그렇지 않습니다. 이 말씀은 위선 없이 형제를 진실하게 사랑하는 자만이 뜨겁게 형제를 사랑할 수 있다는 것입니다.

이 세 가지 특성을 갖춘 사람의 모습을 상상해 보십시오. 진리의 말씀에 순종하기 위해 최선을 다합니다. 자신의 영혼을 하나님의 말씀에 비추어 날마다 깨끗하게 합니다. 가식과 위선 없이 진실하게 형제를 사랑하려고 노력합니다. 바로 이렇게 자신의 삶을 정비하는 자만이 뜨겁게 사랑할 수 있고, 이 뜨거운 사랑을 가진 자만이 공동체를 세울 수 있다고 주님은 말씀합니다.

공동체를 세우기 원합니까? 가정과 교회 그리고 사회를 진정으로 세우기 원합니까? 그렇다면 무엇보다 먼저 뜨겁게 사랑하십시오. 그러나 뜨겁게 사랑하기 위해 진리에 순종하고, 영혼을 깨끗하게 하며, 위선과 가식 없이 진실한 사랑을 훈련하십시오. 이러한 사랑을 훈련할 수 있는 공동체가 바로 소그룹입니다. 공동체를 세우려면 소그룹 안에서 뜨겁게 서로 사랑하는 훈련을 받아야 합니다.

말씀을 사모하라

하나님은 이 사회를 떠받치는 공동체들을 살리기 위해 우리에게 말씀을 사모하라고 말씀합니다. 22절에서 뜨겁게 사랑하라고 명령한 베드로는 23절부터 갑자기 하나님의 말씀에 대해 이야기합니다. 하나님의 말씀이 중요하지만, 이것이 사랑하라는 말씀과 어떤 연관이 있을까요? 베드로는 우리가 하나님의 말씀으로 구원받고 거듭났다고 말합니다.

"너희가 거듭난 것은 썩어질 씨로 된 것이 아니요 썩지 아니할 씨로 된 것이니 살아 있고 항상 있는 하나님의 말씀으로 되었느니라"(벧전 1:23).

왜 우리는 이 세상의 것이 아닌 오직 하나님의 말씀으로만 거듭날 수 있습니까? 그 이유는 오직 하나님의 말씀만이 영원하기 때문입니다.

"그러므로 모든 육체는 풀과 같고 그 모든 영광은 풀의 꽃과 같으니 풀은 마르고 꽃은 떨어지되 오직 주의 말씀은 세세토록 있도다 하였으니 너희에게 전한 복음이 곧 이 말씀이니라"(벧전 1:24-25).

여기서 풀과 꽃은 이 세상 사람들이 추구하는 성공입니다. 이 세상의 성공이 화려하게 보이지만, 세상의 모든 성취는 결국 풀이 마르고 꽃이 떨어지듯 언젠가는 마르고 떨어집니다. 그러나 하나님의 말씀은 영원합니다. 우리가 거듭난 것은 세상의 어떤 것이 아닌 오직 하나님의 말씀으로만 된 것입니다. 그러므로 우리를 거듭나게 한 이 영원한 하나님의 말씀을 우리는 사모해야 합니다.

"갓난아기들 같이 순전하고 신령한 젖을 사모하라 이는 그로 말미암아 너희로 구원에 이르도록 자라게 하려 함이라"(벧전 2:2).

우리는 어떤 자세로 말씀을 사모해야 합니까? 갓난아이가 젖을 사모하는 것처럼 해야 합니다. 갓난아이는 젖을 먹을 때까지 그치지 않고 웁니다. 성경은 바로 이런 자세로 하나님의 말씀을 사모하라고 말씀합니다. 그런데 왜 베드로는 뜨겁게 사랑하라고 명령하면서 갑자기 하나님의 말씀을 사모하라고 하는 것일까요? 그 이유는 오직 하나님의 말씀만이 우리를 뜨겁게 사랑하는 자로 만들 능력이 있기 때문입니다.

말씀은 우리를 거듭나게 합니다. 말씀은 우리의 영혼을 깨끗하게 합니다. 하나님의 말씀은 우리를 진리의 사람이 되게 합니다. 우리가 말씀을 사모할 때, 그 말씀의 능력이 우리 삶의 모든 위선과 가식을 벗겨 냅니다. 그 결과 우리는 하나님의 말씀을 사모하게 되어 비로소 뜨겁게 서로 사랑할 수 있습니다. 이 사랑을 누가 할 수 있습니까? 하나님의 말씀을 사모하는 자만이 할 수 있습니다.

공동체를 세우기 위해 뜨겁게 사랑하기 원합니까? 그렇다면 하나님의 말씀에 깊이 잠기기 바랍니다. 부부 간에 서로 깊이 사랑하고 싶습니까? 그렇다면 남편과 아내가 하나님의 말씀에 깊이 잠기기 바랍니다. 정말 옆의 지체를 사랑하고 싶습니까? 교회 성도를 사랑하고 싶습니까? 사랑하고 싶은데 잘 맞지 않고 삐걱거린다면, 비결은 하나입니다. 하나님의 말씀에 깊이 잠기는 것입니다. 이러한 복이 우리 모두에게 있기를 바랍니다.

사랑을 방해하는 죄들을 버리라

우리는 공동체를 세우기 위해 뜨겁게 사랑해야 하고 하나님의 말씀을 사모해야 합니다. 그리고 사랑을 방해하는 죄들을 버려야 합니다.

베드로는 우리의 사랑을 방해하는 다섯 가지 죄를 열거합니다. 우리의 영적 성장을 방해하는 많은 죄가 있지만, 그 가운데 특별히 우리의 관계를 파괴하고 옆의 지체를 사랑하는 것을 방해하는 다섯 가지 특별한 죄가 있습니다. 그것은 악독, 기만, 외식, 시기, 비방하는 말입니다.

악독: 마음에 있는 모든 악한 것

악독은 마음속에 있는 모든 악한 것을 총칭합니다. 그래서 우리 마음에 악한 것들이 가득 차 있으면 옆의 지체를 뜨겁게 사랑할 수 없습니다. 많은 부부가 서로 사랑하지 못하는 이유가 상대 때문이라고 말하지만, 정작 자신을 돌아보지 않습니다. 서로 사랑하지 못하고 공동체와 가정이 무너질 때는 자신을 돌아봐야 합니다. 자신의 마음속에 악독이 있지 않은지 돌아보아야 합니다.

기만: 교활하여 쉽게 배신하는 것

기만은 교활하여 쉽게 배신하는 것을 의미합니다. 늘 교활하고 배신하는 것이 바로 기만입니다.

외식: 부정직하고 표리부동한 삶

외식은 본래 그리스에서 배우들이 연기할 때 한 사람이 몇 가지 역할을 하는 데서 유래했습니다. 외식은 한 사람이 노인의 모습을 연기하다가, 목소리를 바꿔서 여자를 연기하는 것처럼 표리부동한 모습으로 살아가는 것을 말합니다. 외식하는 사람은 사랑할 수 없습니다.

시기: 다른 사람이 자신보다 더 주목받는 것을 참지 못하는 태도

시기는 다른 사람이 자신보다 더 주목받는 것을 참지 못하는 태도입니다. 부부 사이에도 서로 누가 잘났는지 시기하고 경쟁할 때가 있습니다. 그러나 이처럼 시기하는 사람은 사랑하지 못합니다.

비방하는 말: 누군가를 향한 험담이며 명예를 떨어뜨리는 말

말은 매우 중요합니다. 뜨겁게 사랑하는 데 있어 그 사랑을 방해하는 마지막 요소는 비방과 험담하는 말입니다. 혀를 제어하지 못하면 결코 뜨겁게 사랑할 수 없습니다.

　무너지는 가정을 견고하게 세우고 싶습니까? 당신의 자녀가 "우리 부모님은 재산을 많이 물려주지 못하셨지만 아름다운 가정을 유산으로 주셨어"라고 자부하며 살아가기 원합니까? 지금 내리막길로 치닫는 한국 교회를 일으키기 원합니까? 그렇다면 오늘부터 이 말씀을 마음에 담으십시오. 우리는 서로 뜨겁게 사랑하기 위해 공동체로 모인 것입니다. 관계를 파괴하는 죄들을 버리고 진리의 말씀에 순종하여 나아갈 때, 우리는 비로소 무너져가는 공동체를 다시 세울 수 있습니다.
　하나님의 말씀을 의지하여 뜨겁게 사랑합시다. 진리의 말씀에 순종하여 뜨겁게 사랑함으로, 무너져가는 사회를 구원하고 공동체를 살리는 위대한 사람으로 살아가기 바랍니다.

5장

산 돌 같은
신령한 집으로
세워지라

베드로전서 2:4-12

⁴사람에게는 버린 바가 되었으나 하나님께는 택하심을 입은 보배로운 산 돌이신 예수께 나아가 ⁵너희도 산 돌 같이 신령한 집으로 세워지고 예수 그리스도로 말미암아 하나님이 기쁘게 받으실 신령한 제사를 드릴 거룩한 제사장이 될지니라 ⁶성경에 기록되었으되 보라 내가 택한 보배로운 모퉁잇돌을 시온에 두노니 그를 믿는 자는 부끄러움을 당하지 아니하리라 하였으니 ⁷그러므로 믿는 너희에게는 보배이나 믿지 아니하는 자에게는 건축자들이 버린 그 돌이 모퉁이의 머릿돌이 되고 ⁸또한 부딪치는 돌과 걸려 넘어지게 하는 바위가 되었다 하였느니라 그들이 말씀을 순종하지 아니하므로 넘어지나니 이는 그들을 이렇게 정하신 것이라 ⁹그러나 너희는 택하신 족속이요 왕 같은 제사장들이요 거룩한 나라요 그의 소유가 된 백성이니 이는 너희를 어두운 데서 불러 내어 그의 기이한 빛에 들어가게 하신 이의 아름다운 덕을 선포하게 하려 하심이라 ¹⁰너희가 전에는 백성이 아니더니 이제는 하나님의 백성이요 전에는 긍휼을 얻지 못하였더니 이제는 긍휼을 얻은 자니라 ¹¹사랑하는 자들아 거류민과 나그네 같은 너희를 권하노니 영혼을 거슬러 싸우는 육체의 정욕을 제어하라 ¹²너희가 이방인 중에서 행실을 선하

게 가져 너희를 악행한다고 비방하는 자들로 하여금 너희 선한 일을 보고 오시는 날에 하나님께 영광을 돌리게 하려 함이라.

앞에서 살펴본 것처럼 베드로전서는 핍박과 박해로 고통받는 자들을 위해 쓰였습니다. 그들은 혹독한 고난 가운데서 자신의 정체성을 망각할 위기에 처해 있었습니다. 고난이 너무 커서 모든 것을 포기하고 세상 사람들과 똑같이 살고 싶은 유혹에 직면했습니다.

신앙생활을 하는 사람이라면 누구나 이러한 생각을 한 번쯤 했을 것입니다. 자신은 믿음으로 잘 살아보겠다고 고군분투하는데 세상 사람들은 수단 방법을 가리지 않고 자기 삶의 지경을 넓혀 나갑니다. 우리는 주님을 위해 충성하는데 그들은 제멋대로 살아갑니다. 그럴 때마다 우리의 마음은 흔들립니다.

믿음의 길은 쉬운 길이 아닙니다. 그래서 구원받은 이후 우리가 주님의 뒤를 따르며 믿음을 지키기 위해서는 끊임없이 믿음이 성장해야 합니다. 영적 부흥이 필요합니다. 우리는 진리를 다시 듣고 마음을 새롭게 함으로 날마다 영적으로 무장해야 합니다. 그렇지 않으면 이 험난한 세상에서 믿음으로 살기 어렵습니다. 그래서 하나님은 베드로를 통해 우리가 누구이며 어떻게 이 험난한 세상에서 승리하며 살 수 있는지 알려주십니다.

베드로는 이러한 주제의 말씀을 전하기 위해 본문에서 한 가지 비유를 들어 설명합니다. 그 비유는 바로 신령한 집을 짓는 것입니다. 그는 우리의 신앙생활을 집 짓는 것에 비유하고, 우리의 내면을 산 돌로 지은 신령한 집에 비유합니다.

베드로는 우리가 신앙의 경주에서 승리하여 인생과 신앙의 결승점에 성공적으로 도달하려면 우리의 신앙과 내면이 신령한 집으로 지어져야 한다고 말합니다.

매일마다 산 돌이신 예수님께 나아가라

우리의 내면이 세상에서 승리할 만큼 넉넉한 산 돌로 지어진 신령한 집이 되려면 매일 산 돌이신 예수님께 나아가야 합니다. 본문이 말하는 바를 정확하게 알기 위해 먼저 본문의 구조를 살펴볼 필요가 있습니다. 본문의 주동사는 무엇일까요?

> "사람에게는 버린 바가 되었으나 하나님께는 택하심을 입은 보배로운 산 돌이신 예수께 나아가 너희도 산 돌 같이 신령한 집으로 세워지고"(벧전 2:4-5).

본문의 주동사는 5절에 나옵니다. 바로 "너희도 신령한 집으로 세워지고"입니다. 하나님은 우리에게 산 돌 같은 신령한 집으로 세워지라고 말씀합니다. 그러면 어떻게 산 돌 같은 신령한 집으로 세워질 수 있을까요? 4절에서 하나님은 그 방법을 이렇게 말씀합니다. 바로 우리가 산 돌이신 예수님께 나아가는 것입니다. "예수께 나아가"라는 동사는 현재분사로, 산 돌 같은 신령한 집으로 세워지라는 주동사를 서술합니다.

그러므로 본문의 명령은 매우 간단합니다. 우리가 고난과 유혹의 세상을 지나려면 산 돌 같은 신령한 집으로 세워져야 합니다. 그러면 어떻게 산 돌 같은 신령한 집으로 세워질 수 있을까요? 방법은 간단합니다. 산 돌 자체이신 예수님께 나아가는 것입니다. 그렇다면 본문에 나오는 산 돌이 무엇을 의미합니까?

본문에는 "산 돌, 모퉁잇돌, 건축자들이 버린 돌, 부딪히는 돌, 걸려 넘어지게 하는 바위"와 같은 돌을 지칭하는 많은 말들이 나옵니다. 물론 이것은 하나의 비유입니다. 우리는 돌로 지은 건물이 생소하지만 베드로 당시에는 대부분의 건물을 돌로 지었습니다.

돌로 건물을 지을 때 가장 중요한 것은 채석장에서 돌을 가져와 깎아서 그것을 제자리에 정확하게 맞춰 넣는 것입니다. 다른 방법은 없습니다. 설계도에 따라 돌을 맞춰 넣으려면 돌을 깎고 다듬어야 했습니다. 바로 이러한 작업을 염두에 두고 베드로는 교회를 돌로 지어진 성전으로, 성도를 성전의 돌로 비유한 것입니다. 믿는 자의 무리인 교회를 돌로 비유할 때, 돌로 지은 성전에서 가장 중요한 것은 모퉁잇돌입니다. 본문은 그 모퉁잇돌이 바로 예수님이라고 말씀합니다.

베드로는 계속해서 믿는 자들과 믿지 않는 자들에 대한 예수님의 평가를 건축물에 비유합니다.

> "성경에 기록되었으되 보라 내가 택한 보배로운 모퉁잇돌을 시온에 두노니 그를 믿는 자는 부끄러움을 당하지 아니하리라 하였으니 그러므로 믿는 너희에게는 보배이나 믿지 아니하는 자에게는 건축자들이 버린 그 돌이 모퉁이의 머릿돌이 되고 또한 부딪치는 돌과 걸려 넘어지게 하는 바위가 되었다 하였느니라"(벧전 2:6-8).

예수님은 세상 사람들에게는 버린 바 된 돌과 같지만, 믿는 우리에게는 보배로운 모퉁잇돌이십니다. 세상은 그 돌을 가치가 없다며 버렸지만 모퉁잇돌을 믿음으로 얻는 구원은 결코 부끄러움을 당하지 않을 것입니다. 그러나 그 보배롭고 견고한 모퉁잇돌을 알아보지 못한 사람들은 그 돌에 걸려 넘어질 것입니다. 이는 세상뿐 아니라 교회에서도 마찬가지입니다.

지금 베드로는 시편 118편 22절과 이사야 8장 14절의 이미지를 조합하여 우리에게 가르침을 줍니다. 여기서 돌에 걸려 넘어진 자들은 누구일까요? 첫 번째는 예수님을 메시아로 받아들이기를 거부한 유대인들입니다. 두 번째는 바로 그리스도께 나아오기를 거부하는 모든 세상 사람과 교회에 나오지만 여전히 예수님께 나아가기를 거부하는 모든 사람입니다.

그래서 베드로는 예수님을 사람들에게 버린 바 된 돌에 비유하는 것입니다. 사람들이 예수님을 버렸습니다. 지금도 이 일은 여전히 우리 주위에서 일어납니다. 세상은 지금도 예수님이 건축물의 모퉁잇돌이라는 사실에 분노합니다. 모퉁이의 머릿돌은 하나뿐입니다. 모든 돌은 모퉁잇돌을 기준으로 세워져야 합니다.

성경은 본문을 통해 오직 예수님만이 우리의 모퉁잇돌이 되신다고 말씀합니다. 우리가 건축물의 합당한 일부가 되려면 어떻게 해야 합니까? 모퉁잇돌 되신 예수님을 기준으로 자신을 깎아 맞춰 넣어야 합니다. 그러나 세상은 이 사실을 매우 싫어합니다. 오직 예수님만 구원자라는 사실에 지금도 걸려 넘어집니다. 그저 예수님이 많은 돌 가운데 좋은 돌이라면 몰라도, 어째서 유일한 모퉁잇돌이냐며 그 주장이 싫다고 공격합니다. 그 독단성이 기독교를 해친다고 충고합니다. 그 유일성 때문에 사람들은 산 돌이신 예수님을 지금도 버립니다. 그러나 예수님은 우리 영혼의 집의 산 돌이며 우리의 영혼을 살린 유일한 산 돌이십니다.

우리가 어떻게 산 돌 같은 신령한 집으로 세워질 수 있을까요? 방법은 산 돌 자체이신 예수님께 나아가는 것입니다. 여기서 예수님께 나아간다는 표현은 최초의 회심을 의미하지 않습니다. 왜냐하면 신자들을 향한 말씀이기 때문입니다.

이 표현은 매일의 삶 속에서 예수님께 더 가까이, 더 깊이 나아가는 것을 의미합니다. 예수님께 나아간다는 이 동사는 현재 분사입니다. 이는 5년 전 부흥회 때 한 번 뜨겁게 나아간 것으로 만족해서는 안 된다는 의미입니다. 작년에 받은 제자 훈련으로 만족해서는 안 된다는 의미입니다. 매일 아침, 하루도 빠짐없이 예수님께 계속 나아가야 한다는 것입니다. 그렇게 나아갈 때 우리가 산 돌같이 신령한 집으로 세워질 것이라고 베드로는 말합니다. 이것이 우리의 복입니다. 매일 예수님께 나아가면 우리의 삶은 이 땅에서 산 돌 같은,

즉 예수님 같은 신령한 집으로 세워집니다.

본문의 '세워지다'라는 주동사는 능동태가 아니라 수동태입니다. 우리의 힘으로, 우리의 노력과 똑똑함으로 세우는 게 아니라는 의미입니다. 우리를 세우는 주체는 하나님입니다. 신령한 집으로 세우는 일은 우리의 힘으로는 안 됩니다. 그럼 누가 세웁니까? 하나님이 세우십니다.

그러므로 우리는 자발적으로 참여하고 순종함으로 참여해야 합니다. 예수님이 우리 인생의 산 돌이며 우리 인생을 보배롭게 하는 모퉁잇돌이심을 굳게 믿고, 날마다 우리를 살리는 산 돌이신 예수님께 나아가 그분과 깊이 교제해야 합니다.

지금도 하나님은 계속 건축하십니다. 예수님은 죄의 구렁텅이에서 파낸 죽은 돌들을 산 돌로 소생시키셔서, 교회라는 그분의 영광스러운 기관에 맞춰 넣으십니다. 누군가가 그리스도를 구주로 믿을 때마다 또 하나의 죽은 돌이 산 돌이 되어 영광스러운 교회의 일원이 되는 것입니다. 우리는 지금 그것을 보고 있습니다.

또한 교회의 일원이 된 그가 산 돌 되신 예수님께 매일 나아가, 그분을 깊이 만나고 교제하며 날마다 자신을 깎고 다듬을 때, 그 돌은 신기하게도 날마다 자랍니다. 이것이 바로 예수 믿는 복입니다.

그 돌은 돌이지만 산 돌이신 예수님을 닮아 자신도 산 돌이 되는 것입니다. 주위 사람을 살리는 산 돌, 자신의 자녀를 살리는 산 돌, 만나는 사람을 살리는 산 돌이 되는 것입니다. 그래서 베드로는 이렇게 명령합니다.

"너희도 산 돌 같이 신령한 집으로 세워지고 예수 그리스도로 말미암아 하나님이 기쁘게 받으실 신령한 제사를 드릴 거룩한 제사장이 될지니라"(벧전 2:5).

베드로는 산 돌 같은 신령한 집으로 세워져 간다는 의미를 반복하여 이야기합니다. 우리가 거룩한 제사장이 된다는 것입니다. 제사장이 된다는 말에는 두 가지 의미가 있습니다.

첫 번째 의미는 우리가 하나님 보좌 앞에 직접 나아갈 수 있다는 것입니다. 우리에게는 더 이상 목회자가 필요 없습니다. 이 말은 매개자로서의 목회자가 더는 필요 없다는 의미입니다. 기도를 많이 하는 기도원 원장도 필요 없습니다. 우리가 산 돌 되신 예수님께 매일 나아가면 우리는 스스로 제사장이 되어 하나님 앞에 직접 나아갈 수 있습니다.

두 번째 의미는 다른 사람들을 그리스도께 인도하여 옆의 지체를 도와 그를 산 돌이 되게 하고 자신이 제사장이 되어 그를 하나님 앞에 쓰임 받는 사역자로 세우는 것입니다. 이것이 바로 제사장의 의미입니다. 물론 모든 신자가 목회자나 선교사의 소명을 받은 것은 아닙니다. 그러나 우리는 모두 하나님 앞에 제사장으로 부름 받았음을 기억해야 합니다.

그렇다면 우리는 이 땅에 사는 동안 무엇을 해야 합니까? 본문은 왜 우리를 집에 비유했을까요? 집은 혼자 사는 곳이 아닙니다. 누군가를 데려와야 합니다. 함께 살아야 합니다. 우리는 제사장이 되어 다른 사람들을 그리스도께 인도하여 구원하며 구원받은 그들이 하나님 말씀으로 자랄 수 있도록 도와야 합니다. 이것이 교회가 신자들을 훈련하여 목자로 세우는 이유입니다.

이것이 산 돌 같은 신령한 집으로 세워져 가는 것입니다. 그러므로 이 일을 위해 우리는 날마다 살아 계신 산 돌이신 예수님께 나아가야 합니다. 우리가 예수님을 깊이 만나면 자신도 산 돌이 되어 신령한 집이 됩니다. 사람들을 그리스도께 인도하고 가족과 주위 사람들을 섬겨 그들이 하나님의 은혜를 맛보게 합니다. 우리가 산 돌 같은 신령한 집으로 세워지기를 소망합니다.

매일 신분을 확인하라

산 돌 같은 집으로 세워지려면 매일 산 돌이신 예수님께 나아갈 뿐만 아니라 우리의 신분을 매일 확인해야 합니다.

산 돌이신 예수님을 기준으로 모든 세상 사람을 두 종류로 나눌 수 있습니다. 하나는 그로 인해 산 돌로 세워지는 자들이요, 또 하나는 그로 말미암아 계속 부딪혀서 넘어지는 자들입니다. 그들은 왜 넘어집니까? 특별히 교회 안에서 예수를 믿는데도 자꾸만 넘어지는 이유는 무엇입니까?

"그들이 말씀을 순종하지 아니하므로 넘어지나니 이는 그들을 이렇게 정하신 것이라"(벧전 2:8하).

성경은 그들이 넘어지는 이유가 말씀에 순종하지 않아서라고 지적합니다. 그들은 하나님도 알고 예수님도 알고 천국도 압니다. 주님이 믿는 자들에게 주신 사역의 명령도 압니다. 자신이 제사장이 되어야 한다는 것도 압니다. 그러나 오늘날 교회 안에는 순종하지 않는 자들이 많습니다. 세상과 교회에 각각 발을 한 쪽씩 담근 채, 예배가 끝나면 세상으로 나아가 세상의 가치관을 따라 삽니다. 그러나 우리가 누구입니까? 베드로는 우리가 결코 그렇게 살 수 없는 자들이라고 말하며 우리의 신분을 밝힙니다.

"그러나 너희는 택하신 족속이요 왕 같은 제사장들이요 거룩한 나라요 그의 소유가 된 백성이니 이는 너희를 어두운 데서 불러내어 그의 기이한 빛에 들어가게 하신 이의 아름다운 덕을 선포하게 하려 하심이라 너희가 전에는 백성이 아니더니 이제는 하나님의 백성이요 전에는 긍휼을 얻지 못하였더니 이제는 긍휼을 얻은 자니라"(벧전 2:9-10).

교회는 하나님이 택하신 거룩한 나라입니다. 그 옛날 이스라엘을 불러내어 거룩하게 구별하셨던 하나님은 이 시대에 우리를 구별하셨습니다. 하나님은 왜 우리를 구별하셨습니까? 바로 하나님의 제사장 나라가 되어 하나님의 아름다운 덕을 선포하게 하기 위해서입니다.

구약을 통해 이스라엘이 하나님의 명령을 망각하고 세상으로 나아간 결과, 처참하게 멸망당한 것을 볼 수 있습니다.

우리라고 예외겠습니까? 저는 목회하면서 넘어지는 성도를 너무 많이 보았습니다. 역사는 언제나 반복됩니다. 우리는 하나님의 소유가 된 백성입니다. 하나님의 소유를 묵상해 보십시오. 똑같은 물건이라도 누가 소유했는가에 따라 가치가 너무나 달라집니다. 저는 그림을 잘 모르지만, 어떤 그림을 누가 그렸는가에 따라 감정가가 천차만별인 것을 볼 수 있습니다.

그런 면에서 소유는 구속이 아닌 특권입니다. 우리가 누구입니까? 우리는 하나님의 소유입니다. 우리는 세상의 돈 몇 푼에 자신의 양심을 팔아버리는 존재가 아닙니다. 세상의 쾌락에 자신을 함부로 내던지는 존재가 아닙니다. 우리는 하나님의 소유요 거룩한 나라요 하나님의 제사장입니다. 오늘날 한국 교회 성도들은 이 신분을 회복해야 합니다.

매일 신분에 걸맞게 살라

이처럼 자신의 신분을 올바르게 인식하는 자들은 이에 합당하게 살아가야 합니다. 본문 말씀은 너무나 명백합니다. 그렇다면 우리의 신분에 걸맞게 사는 것은 무엇입니까?

"사랑하는 자들아 거류민과 나그네 같은 너희를 권하노니 영혼을 거슬러 싸우는 육체의 정욕을 제어하라"(벧전 2:11).

우리는 이 땅에서 거류민과 나그네입니다. 이는 우리가 세상의 문화와 구별된 방식으로 살아야 함을 의미합니다. 그래서 우리는 이 땅에 살 동안 육체의 정욕을 철저하게 제어해야 합니다. 바울은 육체의 정욕을 이렇게 표현했습니다.

"육체의 일은 분명하니 곧 음행과 더러운 것과 호색과 우상 숭배와 주술과 원수 맺는 것과 분쟁과 시기와 분냄과 당 짓는 것과 분열함과 이단과 투기와 술 취함과 방탕함이라"(갈 5:19-21).

우리는 이런 것들을 버려야 합니다. 왜냐하면 우리는 하나님의 소유이기 때문입니다. 하나님이 우리를 세상에서 구별하셨기 때문입니다. 세상 사람들이 자기 멋대로 살더라도 우리는 구별된 모습으로 살아야 합니다. 오히려 우리는 선한 일을 행해야 합니다.

"너희가 이방인 중에서 행실을 선하게 가져 너희를 악행한다고 비방하는 자들로 하여금 너희 선한 일을 보고 오시는 날에 하나님께 영광을 돌리게 하려 함이라"(벧전 2:12).

요즘 한국 교회는 세상의 비난과 지탄의 대상이 되었습니다. 물론 나쁜 의도를 가지고 과장하여 퍼뜨린 부분도 있을지 모릅니다. 그러나 우리는 비방하는 자들을 공격하기보다는 그들이 아예 비방 자체를 할 수 없도록 선하게 살아야 합니다. 이것이 본문의 가르침입니다. 비난에 대한 가장 강력한 방어는 나무랄 데 없는 청렴함입니다. 우리에게는 거짓된 비난을 이겨낼 무엇이 필요합니다. 그것은 고결함입니다. 그러니 돈 몇 푼에 양심을 팔지 마십시오.

주님은 일찍이 이 땅의 삶을 집 짓는 것에 비유하셨습니다. 돌로 집을 짓는 모습을 한 번 상상해 보십시오. 완벽한 기초와 모퉁잇돌이 세워졌습니다. 그 모퉁잇돌은 바로 우리를 극진히 사랑하심으로, 우리 대신 십자가에서 우리 죄를 대속하여 돌아가신 예수님이십니다. 그분은 모든 사람을 살리는 산 돌이십니다. 모든 인류의 운명은 바로 이 산 돌이신 예수님에 의해 달라집니다.

그분께 부딪히며 살 것인지 아니면 그분께 나아가 산 돌 같은 신령한 집이 될 것인지 우리는 선택해야 합니다. 다른 길은 없습니다. 날마다 교회에 나와 예배를 드리면서도 계속해서 그분께 걸려 넘어지며 살든지, 아니면 매일 그분께 나아가 신령한 집이 되어 만나는 사람들에게 하나님의 구원을 전파하며 영생으로 인도하며 살든지 선택해야 합니다. 선택은 우리의 몫입니다. 이 말씀 앞에서 결단할 수 있기를 바랍니다.

6장

부당한 대우를
극복하기 위하여

베드로전서 2:13-25

¹³인간의 모든 제도를 주를 위하여 순종하되 혹은 위에 있는 왕이나 ¹⁴혹은 그가 악행하는 자를 징벌하고 선행하는 자를 포상하기 위하여 보낸 총독에게 하라 ¹⁵곧 선행으로 어리석은 사람들의 무식한 말을 막으시는 것이라 ¹⁶너희는 자유가 있으나 그 자유로 악을 가리는 데 쓰지 말고 오직 하나님의 종과 같이 하라 ¹⁷뭇 사람을 공경하며 형제를 사랑하며 하나님을 두려워하며 왕을 존대하라 ¹⁸사환들아 범사에 두려워함으로 주인들에게 순종하되 선하고 관용하는 자들에게만 아니라 또한 까다로운 자들에게도 그리하라 ¹⁹부당하게 고난을 받아도 하나님을 생각함으로 슬픔을 참으면 이는 아름다우나 ²⁰죄가 있어 매를 맞고 참으면 무슨 칭찬이 있으리요 그러나 선을 행함으로 고난을 받고 참으면 이는 하나님 앞에 아름다우니라 ²¹이를 위하여 너희가 부르심을 받았으니 그리스도도 너희를 위하여 고난을 받으사 너희에게 본을 끼쳐 그 자취를 따라오게 하려 하셨느니라 ²²그는 죄를 범하지 아니하시고 그 입에 거짓도 없으시며 ²³욕을 당하시되 맞대어 욕하지 아니하시고 고난을 당하시되 위협하지 아니하시고 오직 공의로 심판하시는 이에게 부탁하시며 ²⁴친히 나무에 달려 그 몸으로 우리 죄를 담당하셨으니 이

는 우리로 죄에 대하여 죽고 의에 대하여 살게 하려 하심이라 그가 채찍에 맞음으로 너희는 나음을 얻었나니 ²⁵너희가 전에는 양과 같이 길을 잃었더니 이제는 너희 영혼의 목자와 감독 되신 이에게 돌아왔느니라.

동료 목회자들과 함께 유럽 여행을 갔을 때의 일입니다. 난생처음 간 유럽은 참 좋았습니다. 그러다가 이탈리아에서 한 호텔에 묵게 되었는데, 가이드로 아주 좋은 분이 와서 우리를 안내해 주었습니다.

그는 유럽의 호텔에는 한 가지 특징이 있다고 말했습니다. 벨맨(Bell Man), 다시 말해 가방을 들어주는 사람이 없다는 것입니다. 혹시 벨맨으로 다가와 가방을 달라고 하면 사기꾼이니 조심하라고 단단히 주의를 주었습니다. 우리 일행은 방 열쇠를 받고 객실이 있는 층으로 올라갔는데, 단체라서 정신이 없었습니다.

그런데 그중 몇몇 목회자들의 방문이 안 열리는 겁니다. 그래서 가이드가 우리를 도와주기 위해 로비에 가려던 찰나, 호텔 직원 복장을 하고 명찰을 착용한 정말 선한 인상의 사람이 다가왔습니다. 그 사람은 무슨 문제가 있는지 우리에게 물었습니다. 문이 안 열린다고 하자, 그는 자신이 도와주겠다고 나섰습니다. 그 사람 외에 다른 두세 명이 같이 와서 도와주었는데 그들이 떠나고 가이드가 아차 해서 자기 가방을 돌아보니 이미 가방은 사라진 뒤였습니다.

겉으로 보기에는 전혀 사기꾼같이 생기지 않은 그들에게 속아 가이드가 가방을 잃어버린 것입니다. 가방 잃어버린 것은 둘째치고, 경계하라고 일렀던 자신이 당하자 무척이나 속상해하던 모습이 지금도 눈에 선합니다.

이처럼 누군가에게 속으면 참 속이 상합니다. 그나마 이렇게 속는 것은 그런대로 견딜만 합니다. 그러나 아무 잘못도 없는데 단순히 힘이 없는 사회적 약자라는 이유로 부당한 대우를 당하면 참으로 견디기 힘듭니다. 어떤 사회든 대부분 사회는 가진 자와 힘 있는 자들에게 유리하도록 이루어져 있습니다. 왜냐하면 힘 있는 자들이 사회 구조를 설계하기 때문입니다.

이러한 잘못된 사회 구조로 말미암아 불이익을 당할 때 억울한 마음을 금할 길이 없습니다. 우리는 이 땅에 살면서 원하든 원하지 않든 부당한 일을 겪습니다. 보통 부당한 일을 당하면 어떻게 반응할까요? 둘 중 하나로 반응합니다. 하나는 아주 낙심하는 것입니다. 악한 사회 구조 아래서는 스스로 어떻게 해볼 도리가 없지 않습니까? 또 다른 하나는 공격하는 것입니다. 되갚아 주는 것입니다. 용암이 끓는 듯한 마음으로 기회를 엿보는 것입니다.

부당한 일을 당할 때 그리스도인들은 어떻게 해야 할까요? 이 세상의 부당함을 아시는 하나님은 본문을 통해 우리에게 몇 가지를 가르쳐 주십니다. 먼저 본문의 말씀을 잘 이해하기 위해서는 본문의 구조를 잘 파악해야 합니다. 본문은 하나의 명령과 그 명령에 순종해야 할 이유와 원리를 말합니다. 그게 전부입니다.

그러나 이 본문을 이해하는 것은 쉽지 않습니다. 왜냐하면 그 명령과 이유와 원리가 한 곳에 모여 있지 않고 이중 구조로 되어 있기 때문입니다. 즉 명령과 그렇게 명령한 이유와 원리가 뒤섞여 있습니다. 왜 그럴까요? 강조하기 위해서입니다. 이제 이 구조에 따라 본문을 살펴보겠습니다.

명령: 순종하라

먼저 잘못된 사회 구조 속에서 부당한 일을 겪을 때 하나님은 놀랍게도 우리에게 '순종하라'고 명령하십니다.

"인간의 모든 제도를 주를 위하여 순종하되 혹은 위에 있는 왕이나 혹은 그가 악행하는 자를 징벌하고 선행하는 자를 포상하기 위하여 보낸 총독에게 하라"
(벧전 2:13-14).

명령은 간단합니다. 인간의 모든 제도에 대해 순종하라고 말씀합니다. 지방을 다스리는 총독이나 한 국가를 다스리는 왕에게 순종하라는 것입니다.

베드로가 소아시아의 성도들에게 이 명령을 할 때 어떤 상황이었는지 알아야 이 말씀을 제대로 이해할 수 있습니다. 그때는 그리스도인들이 핍박을 받던 때였습니다. 예수 믿는다는 이유 하나만으로 고향에서 쫓겨나고, 감옥에 들어갔으며, 노예로 팔려갔습니다. 그들은 고용주에게 학대당하며 행정 당국의 공격을 받았습니다.

이러한 때에 인간의 모든 제도에 순종하라는 명령이 얼마나 터무니없게 들렸겠습니까? 그러나 베드로는 거기서 그치지 않고 오히려 범위를 좁혀 당시 그리스도인들의 삶 가까이 나아가 이 명령까지 덧붙입니다.

"사환들아 범사에 두려워함으로 주인들에게 순종하되 선하고 관용하는 자들에게만 아니라 또한 까다로운 자들에게도 그리하라"(벧전 2:18).

어떻게 보면 정부에 대한 명령보다 이 명령이 더 어려울 수 있습니다. 왜냐하면 이 명령은 그들의 삶과 밀접하기 때문입니다. 오늘날의 상황으로 이 말씀을 풀이하면 이런 뜻입니다. 우리는 직장에서 아주 좋은 상사에게만 아니라 까다롭고 불공정하며 게으르고 이기적인 상사에게까지도 순종해야 한다는 것입니다.

저는 이 말씀을 읽으며 이 본문을 어떻게 설교해야 할지 고민이 되었습니다. 그러나 원어를 살펴보아도 이 말씀이 다른 사람의 명령에 의지적으로 복종하는 것을 뜻한다는 사실을 깨닫고, 이 말씀을 피해갈 수 없다고 생각했습니다.

이미 살펴본 대로 로마제국은 그리스도인에게 호의적인 국가가 아니었습니다. 우리가 잘 알듯이 당시 로마제국을 통치하던 황제 네로는 그리스도인에게 잔인하기로 악명이 높았습니다. 그리스도인은 예수님을 믿는다는 이유 하나만으로 부당한 대우를 받았습니다. 그런데 어떻게 잘못된 정부에 의지적으로 순종할 수 있단 말입니까? 오히려 모든 그리스도인이 힘을 모아 전쟁을 일으키고 쿠데타를 일으켜야 하는 것 아닙니까?

그 당시 이 명령을 받은 다수의 사람은 노예였습니다. 역사학자들은 당시 로마에 육천만 명의 노예가 있었다고 추정합니다. 이들은 못난 사람들이 아니었습니다. 로마는 다른 나라를 침공하여 그 가운데 외모가 빼어나고 가장 똑똑한 사람들을 노예로 데려왔습니다. 노예를 가정교사로 삼아 자기 자녀들을 전적으로 맡길 정도였습니다.

이들의 삶은 주인에 따라 천차만별이었습니다. 좋은 주인은 노예가 오히려 자신보다 월등하고 탁월하다는 것을 알고 한 가족처럼 지내기도 했습니다. 그러나 까다롭고 나쁜 주인을 만나면 처참하게 살아야 했습니다. 그 노예들 중에는 고난으로 말미암아 예수님을 믿게 된 자도 있었습니다. 그런데 베드로는 지금 그들에게 좋은 주인뿐만 아니라 까다롭고 나쁜 주인에게까지 순종하라고 명령한 것입니다.

한때 일부 신학자들은 수단과 방법을 가리지 말고 잘못된 제도와 정부를 뒤엎어야 한다고 주장했습니다. 그래서 신학자뿐만 아니라 목회자들 가운데 많은 사람이 반정부 운동이나 투쟁에 앞장섰습니다.

그러나 성경 전체를 보면 하나님은 결코 이러한 모습을 긍정하지 않으십니다. 예수님은 이렇게 말씀하셨습니다. "가이사의 것은 가이사에게 하나님의 것은 하나님께 바치라." 이것이 무슨 의미입니까? 잘못된 정부가 매기는 세금도 바치라는 것입니다. 바울도 위에 있는 권세자들에게 복종하고 그들을 위해 기도하라고 당부했습니다.

성경 어디에도 폭동을 말하는 곳은 없습니다. 물론 정부나 당국이 우상 숭배를 강요하고 성경과 배치되는 것을 요구한다면 우리는 그 명령에 순종하지 말아야 합니다. 다니엘과 같이 우리는 그 명령을 거부해야 합니다. 그러나 다니엘은 폭동이 아닌 온건한 방법으로 자신의 신앙을 밝히고 우상 숭배를 거부했음을 기억해야 합니다.

순종해야 하는 이유와 원리

그렇다면 다른 사람들은 차치하더라도 왜 그리스도인이 인간의 모든 제도에 순종해야 할까요? 또 어떻게 그렇게 할 수 있을까요? 하나님은 우리의 이런 의문을 아시고 우리가 순종해야 하는 이유와 원리를 본문에 자세히 기록해 놓으셨습니다. 왜 우리는 인간의 모든 제도에 순종해야 합니까? 그 이유와 원리를 살펴보겠습니다.

"인간의 모든 제도를 주를 위하여 순종하되"(벧전 2:13).

베드로는 본문에서 몇 가지 이유를 설명하며 먼저 순종해야 할 이유의 큰 틀을 제시합니다. 그것은 바로 "주를 위하여"라는 말씀에 담겨 있습니다. 이것이 바로 하나님이 우리에게 제시하시는 이유입니다. 다시 말하자면 우리가 인간의 모든 제도에 순종해야 하는 이유는 정부가 다 옳아서도 아니고, 회사의 규율이 완벽해서도 아니며, 직장 상사가 인격적으로 훌륭해서가 아닙니다. 우리가 순종해야 하는 이유는 주를 위해서입니다. 그렇다면 주를 위한다는 말은 도대체 어떤 뜻일까요? 베드로는 그것을 이렇게 설명합니다.

"곧 선행으로 어리석은 사람들의 무식한 말을 막으시는 것이라"(벧전 2:15).

이 명령을 헤아리기 위해 한 번 이렇게 질문해보시기 바랍니다. 이 땅에서 잘못을 저질러 우리에게 어려움을 주는 그들의 입을 막는 길이 무엇일까요? 혁명을 일으키거나 죽도록 노력해서 더 높은 자리에 올라가는 것일까요? 겉으로는 막아질지 모르겠지만, 근본적인 해결책은 아닙니다.

사실 세상의 역사는 이렇게 반복되었습니다. 그래서 한 역사가는 인류 역사가 원수를 갚는 역사라고 지적했습니다. 상대를 밟는 역사라는 것입니다. 중국 드라마에 많이 나오지 않습니까? 주인공이 부당한 일을 겪고 너무 억울해합니다. 그가 죽으면서 "내 원수를 갚아다오"라고 말하면 자녀가 후일 장성하여 아버지의 원수를 갚습니다. 그러면 그 상대가 자신의 자녀에게 원수를 갚아달라고 유언합니다. 이게 인류 역사인 것입니다.

이 악순환은 끝이 없습니다. 그러나 이 악순환의 고리를 끊는 방법이 있습니다. 그것은 겉으로가 아니라 진심으로 그들의 입을 막는 것입니다. 그들의 입을 우리가 어떻게 막을 수 있을까요? 그들의 입은 힘으로 막아지지 않습니다. 오직 선행으로 가능합니다. 그래서 우리는 힘이 없어서가 아니라 주를 위해 그들의 악에도 불구하고 선을 행해야 합니다. 그래야 그들의 입이 막아지기 때문입니다.

"너희는 자유가 있으나 그 자유로 악을 가리는 데 쓰지 말고 오직 하나님의 종과 같이 하라"(벧전 2:16).

우리가 선을 행해야 하는 또다른 이유는 우리가 하나님의 종이기 때문입니다. 그리고 결론적으로 17절에서는 이렇게 명령합니다.

"뭇 사람을 공경하며 형제를 사랑하며 하나님을 두려워하며 왕을 존대하라."

이 명령들은 간단한 명령처럼 보이지만 너무 어려운 명령입니다. 앞의 세 가지 명령은 그나마 쉽습니다. "뭇 사람을 공경하며 형제를 사랑하며 하나님을 두려워"하라는 말씀에 어떤 이의가 있겠습니까? 그러나 그다음 명령이 우리를 먹먹하게 합니다. 당시 왕은 네로였습니다. 그들을 잔혹하게 핍박하는 왕까지도 존대하라는 것입니다.

우리가 어떻게 이렇게 할 수 있습니까? 하나님을 두려워하고 형제를 사랑하듯이 어떻게 악한 왕을 존대할 수 있습니까? 그 비결이 바로 이 문장 안에 숨어 있습니다. 우리가 왕을 존대해야 하는 이유는 그가 옳아서가 아닙니다. 우리가 왕을 존대해야 하는 이유는 우리가 뭇 사람을 공경하고, 형제를 사랑하며, 하나님을 두려워하는 하나님의 종이기 때문입니다.

물론 이 모든 원리를 다 안다고 해도 여전히 실천은 어렵습니다. 이 명령에 순종하려면 많은 인내가 필요합니다. 또한 믿음도 필요합니다. 그래서 베드로는 이렇게 권면합니다.

"부당하게 고난을 받아도 하나님을 생각함으로 슬픔을 참으면 이는 아름다우나 죄가 있어 매를 맞고 참으면 무슨 칭찬이 있으리요 그러나 선을 행함으로 고난을 받고 참으면 이는 하나님 앞에서 아름다우니라"(벧전 2:19-20).

자신의 잘못 때문에 고난받는 자들에게는 상이 없습니다. 그러나 주님 때문에 부당한 일을 참으면 그것은 하나님 보시기에 아름다운 일입니다. 그렇게 할 때 하나님이 잘못하는 자들의 입을 막고 상황을 아름답게 바꾸십니다.

감사하게도 초대교회 성도들은 이 명령을 하나님의 말씀으로 받았습니다. 오늘날의 우리보다 이 말씀을 실천하기가 더 어려운 상황에서도 그들은 이것을 하나님의 말씀으로 받았습니다. 그래서 그들은 폭동을 일으키지 않았습니다. 노예들은 부당한 일을 하는 정부와 자기의 상사들에게 최선을 다했습니다.

그 결과 어떤 일이 벌어졌는지 아십니까? 당시 로마의 귀족들은 방탕했습니다. 부정직했고 매우 음란했습니다. 그런데 귀족들이 자신의 자녀를 자신처럼 방탕한 귀족들과 결혼시키지 않고 모든 일에 인내하고 악으로 악을 갚지 않는 노예와 결혼을 시켰습니다.

부한 자들과 권력자들의 입이 다 막혔습니다. 그 결과, 그렇게 기독교인들을 핍박하던 로마는 얼마 되지 않아 기독교 국가로 바뀌었습니다. 이것이 말씀의 능력입니다. 주님이 우리에게 이러한 명령을 하시는 이유입니다.

순종을 위한 모범

명령과 이유와 원리까지 다 제시한 베드로는 마지막으로 우리에게 순종을 위한 모범이신 예수님의 발자취를 보여줍니다.

> "이를 위하여 너희가 부르심을 받았으니 그리스도도 너희를 위하여 고난을 받으사 너희에게 본을 끼쳐 그 자취를 따라오게 하려 하셨느니라"(벧전 2:21).

그분은 우리와 달리 전혀 죄가 없으셨습니다. 거짓이 없는 분이셨습니다. 그러나 그분은 부당한 고난을 당할 때 같이 맞서 욕하거나 무력으로 위협을 가하지 않으시고, 오직 공의로 심판하시는 하나님께 맡기셨습니다. 주님이 그렇게 하신 이유가 무엇일까요?

> "친히 나무에 달려 그 몸으로 우리 죄를 담당하셨으니 이는 우리로 죄에 대하

여 죽고 의에 대하여 살게 하려 하심이라"(벧전 2:24).

바로 우리를 죄에 대해 죽고 의에 대해 살게 하려고 그렇게 하셨습니다. 또한 우리로 하여금 예수님의 본을 따라 부당한 제도에 순종하라고 명령하시는 이유도 주님의 목적 때문입니다.

주님이 이 땅에 오셔서 하고자 하셨던 일은 이 세상 제도를 바꾸는 것이 아니었습니다. 정부를 쿠데타로 전복하는 것도 아니었습니다. 주님은 제도를 바꾸기 위해 오신 것이 아니라 우리의 영혼과 마음을 바꾸기 위해 오셨습니다.

그러면 인간의 마음과 영혼은 어떻게 해야 바뀝니까? 폭력이나 힘과 권세로 바뀝니까? 그렇지 않습니다. 인간의 영혼은 오직 한 가지, 사랑으로만 바뀝니다. 하나님의 은혜로만 바뀝니다. 주님은 이것을 아셨기에 이 땅에 오셨고 그렇게 사셨습니다. 그리고 가장 고귀한 사랑을 인류에게 주셨습니다.

예수님은 제자 가운데 한 사람이 칼을 휘둘러 종의 귀를 떨어뜨리자, 오히려 책망하며 이렇게 말씀하셨습니다. "검을 도로 집어넣으라. 검을 사용하는 자는 검으로 망하느니라." 그리고 이렇게 말씀하셨습니다. "내가 지금이라도 아버지께 기도하여 열두 영도 더 되는 천사를 지금이라도 보낼 수 없는 줄 아느냐?" 당시 군대 규모로 한 영(營, 진영)은 육천 명 가량을 의미했습니다. 그러니 칠만 이천 명이나 되는 천사를 동원할 수 있다는 말씀이셨습니다. 참고로 소돔과 고모라를 멸망시키는 데는 두 명의 천사면 충분했습니다.

주님은 이 땅을 무력으로 정복하실 수 있었습니다. 주님은 말씀 한 마디로 로마 정부를 뒤엎으실 수 있었습니다. 그러나 주님은 그 길을 걷지 않으셨습니다. 왜냐하면 주님은 무력으로는 한 사람의 마음도 진정으로 바꾸지 못할 것을 아셨기 때문입니다. 하나님의 형상을 따라 지음 받은 인간의 영혼과 마음은 무력으로는 결코 바뀌지 않습니다. 오직 사랑과 은혜로만 바뀝니다.

우리는 주님의 제자로서 그분의 본을 따라 살아야 합니다. 우리의 목표는 세상 사람들의 영혼과 마음을 바꾸는 것이어야 합니다. 그 방법은 무엇입니까? 모든 인간의 제도에 순종하는 것입니다. 부당한 일을 당할 때 안에서 분노의 용광로를 끓이며 이를 가는 것이 아닙니다. 모든 것을 공의로 심판하시는 하나님께 맡기는 것입니다. 그리고 악으로 악을 갚지 않고 선을 행하는 것입니다. 오직 주를 위해 그렇게 해야 합니다.

우리가 이렇게 주님의 뒤를 따라 살면 이 세상은 진정으로 바뀌게 될 것입니다. 언젠가 주위 사람이 하나님께 돌아오는 역사가 있을 것입니다. 이 복된 길을 걸어가는 우리가 되기를 기도합니다.

7장

행복한
가정 생활을 위한
지침

베드로전서 3:1-7

¹아내들아 이와 같이 자기 남편에게 순종하라 이는 혹 말씀을 순종하지 않는 자라도 말로 말미암지 않고 그 아내의 행실로 말미암아 구원을 받게 하려 함이니 ²너희의 두려워하며 정결한 행실을 봄이라 ³너희의 단장은 머리를 꾸미고 금을 차고 아름다운 옷을 입는 외모로 하지 말고 ⁴오직 마음에 숨은 사람을 온유하고 안정한 심령의 썩지 아니할 것으로 하라 이는 하나님 앞에 값진 것이니라 ⁵전에 하나님께 소망을 두었던 거룩한 부녀들도 이와 같이 자기 남편에게 순종함으로 자기를 단장하였나니 ⁶사라가 아브라함을 주라 칭하여 순종한 것 같이 너희는 선을 행하고 아무 두려운 일에도 놀라지 아니하면 그의 딸이 된 것이니라 ⁷남편들아 이와 같이 지식을 따라 너희 아내와 동거하고 그를 더 연약한 그릇이요 또 생명의 은혜를 함께 이어받을 자로 알아 귀히 여기라 이는 너희 기도가 막히지 아니하게 하려 함이라.

가정 학자들은 요즘 우리 사회의 가장 심각한 문제를 가정의 위기로 꼽습니다. 우리 사회의 가정들이 무너지는 추세입니다. 한국가정법률상담소의 발표에 따르면, 2013년도 우리나라의 이혼 건수는 11만 5천 3백 건이었습니다. 이 수치는 1950년대와 비교하면 열세 배 증가한 수치입니다. 더욱 비관적인 것은 이러한 이혼율이 점점 늘고 있으며, 앞으로도 더 늘어날 것이라는 전망입니다. 결혼 4년차 미만의 이혼율은 이미 25퍼센트에 육박했습니다. 이러한 정황 상, 앞으로 이혼율은 더욱 급속하게 높아질 것입니다.

가정이 무너진 사회치고 망하지 않은 사회가 없었습니다. 역사가 그것을 증명합니다. 이것이 우리 사회가 심각한 위기에 봉착했음을 진단할 수 있는 이유입니다. 아무리 경제가 발전하고 살기 좋은 세상이 된다 해도 이 추세로 계속 가정이 무너진다면 우리 사회에는 미래가 없습니다. 특별히 우리 자녀들 세대는 더욱 비참한 생활을 하게 될 것입니다.

이렇게 사회와 가정이 무너지는 이때에 어떻게 우리의 가정을 돈독하게 세우고 자녀 세대에게 복된 가정을 물려줄 수 있을까요? 본문에 그 해답이 있습니다. 하나님은 아내와 남편 각각에게 가정을 세우는 데 가장 중요한 몇 가지 명령을 주십니다.

아내를 향한 명령

먼저 성경은 아내를 향해 이렇게 명령합니다.

"아내들아 이와 같이 자기 남편에게 순종하라"(벧전 3:1).

자기 남편에게 순종하되 "이와 같이" 하라고 말씀합니다. "이와 같이"가 무슨 뜻일까요? 그 뜻을 알려면 앞 문단으로 돌아가야 합니다. 앞 문단의 내용은 간단합니다. 인간의 모든 제도에 순종하라는 것입니다. 이 땅을 살아가면서 그리스도인으로서 부당한 일을 당할 때 우리는 어떻게 처신해야 합니까? 왕이 부당하고, 총독이 부당하고, 회사의 고용주가 부당할 때 우리는 어떻게 해야 합니까?

성경은 부당한 일을 당할 때 악을 악으로 대하지 말고 선으로 대하라고 명령합니다. 왜 그래야 할까요? 우리가 그렇게 할 때 우리의 선으로 말미암아 악행하는 자들의 입이 막히고, 더 나아가 그들뿐만 아니라 이 사회가 올바르게 변화될 수 있기 때문입니다. 그러면서 베드로는 그 모범으로 예수 그리스도를 듭니다. 그분은 부당한 일을 당할 때 참으심으로 우리를 구원하고 온 세상을 구원하셨습니다. 그러므로 우리도 그분의 뒤를 따라가야 합니다.

저는 순종의 명령이 요즘 같은 세대에 얼마나 어려운 명령인지 잘 압니다. 특히나 그리스도의 희생적 사랑을 전혀 알지 못하고 철저하게 자신만을 생각하며, 연약한 아내들에게 육체적 학대와 정신적 학대를 가하는 남편을 둔 아내들에게 이 명령이 얼마나 어려운 것인지 잘 압니다.

그러나 아내에 대한 이 명령 다음에 남편을 향한 명령이 나오는 것을 기억해야 합니다. 베드로는 지금 일방적으로 아내들을 구석에 몰아넣는 것이 아닙니다. 또한 베드로가 생명을 위협할 만큼의 악한 학대를 견디라고 말하는 것도 아닙니다. 그것은 순종이 아니라 굴종이기 때문입니다.

그럼에도 아내들은 이 말씀에 귀를 기울여야 합니다. 왜냐하면 우리의 문화가 하나님의 말씀과 다른 방향으로 달려가고 있기 때문입니다. 베드로는 먼저 아내에게 남편의 권위에 순종하라고 말하면서 남편에게 순종하는 것이 구체적으로 어떤 뜻인지 세 가지로 이야기합니다.

행실을 단정히 하라

남편에게 순종하는 아내는 행실을 단정히 해야 합니다.

"아내들아 이와 같이 자기 남편에게 순종하라 이는 혹 말씀을 순종하지 않는 자라도 말로 말미암지 않고 그 아내의 행실로 말미암아 구원을 받게 하려 함이니 너희의 두려워하며 정결한 행실을 봄이라"(벧전 3:1-2).

부부에 대한 설교를 하다보면 한 가지 이상한 점을 발견하게 됩니다. 그것은 은혜를 서로 엇갈리게 받는다는 것입니다. 남편에게 해당하는 설교를 하면 남편이 은혜를 받고 변화를 다짐해야 하는데, 남편이 은혜를 받는 게 아니라 옆에 있는 아내의 얼굴이 환해집니다. 반대의 경우도 마찬가지입니다.

왜 그럴까요? 우리 모두의 마음 깊은 곳에 상대가 변했으면 좋겠다는 생각이 있기 때문입니다. 조금 부정적으로 설명하자면 가정에서 일어나는 문제에 대한 책임이 자신보다 상대에게 더 많다고 생각하는 것입니다. 그래서 우리는 은혜를 엇갈려 받습니다.

아내가 이 말씀을 들으면 이렇게 불평할지도 모르겠습니다. "내 남편이 올바르게 행동하지 않는데, 어떻게 나에게만 올바르게 행동하라고 하십니까?" 이것은 형평성에 맞는 말입니다. 그러나 본문은 이렇게 말씀합니다. "말씀을 순종하지 않는 자라도." 다시 말해 남편이 하나님을 모르고 신앙생활을 하지 않는다고 해도, 남편이 믿음과 신앙이 없어 잘못 행동한다고 해도 남편에게 순종하며 행실을 조심하라는 것입니다. 왜 성경은 이렇게 형평성에 어긋난 명령을 하는 것입니까?

그것은 아내가 그렇게 할 때 믿지 않는 남편이 주님께 돌아오고 변화될 기회가 주어지기 때문입니다. 그가 옳아서가 아닙니다. 남편의 구원과 변화를 위해 하나님은 지금 아내들에게 비결을 가르쳐주시는 것입니다. 남편을 변화시키는 비결은 바로 아내가 행동을 조심하는 것입니다.

아내는 남편의 삶에 대해 전혀 책임이 없습니다. 아내는 오직 자신의 삶에 책임이 있을 뿐입니다. 이에 대한 성경의 명령은 상대의 상태에 따른 명령이 아니라는 것입니다. 아내가 하나님 앞에서 책임을 다하면 그 남편은 아내가 아닌 하나님의 책임이라는 것입니다. 하나님이 변화시켜 주신다는 것입니다. 다만 아내의 책임은 남편에게 순종하고 그와 함께하며 행실을 단정히 하는 것입니다.

만일 그리스도인 아내가 남편에게 잔소리를 하고 눈을 흘기며 토라진다면, 하나님이 남편을 바꾸어주실 것을 믿지 않는 것입니다. 입술로는 하나님을 믿는다고 하지만 실제 삶에서 자신을 믿는 것입니다. 잔소리로 겁을 주고 압력을 가하면 남편이 바뀔 것이라는 잘못된 세상의 철학을 믿는 것입니다. 하나님은 그렇게 말씀하지 않으십니다.

지금까지 아내의 잔소리로 변화된 남편은 단 한 사람도 없음을 기억하기 바랍니다. 잔소리를 늘어놓고 눈을 흘기며 잘못된 반응을 하면 긴장이 더욱 심해지고 관계가 망가질 뿐, 상대는 결코 변하지 않습니다. 따라서 남편이 잘못된 행동을 한다고 해도 하나님 앞에서 자신의 행실을 조심하면 하나님이 남편에게 역사하셔서 언젠가 그를 변화시키실 것입니다.

아내가 남편에게 순종한다는 의미는 무엇입니까? 먼저 자신의 행동을 조심하는 것입니다. 남편이 잘못 행동해도 스스로 행동을 조심하는 것입니다.

내면을 단장하라

두 번째로 해야 할 것은 내면을 단장하는 것입니다. 그것이 남편에게 순종하는 것입니다.

> "너희의 단장은 머리를 꾸미고 금을 차고 아름다운 옷을 입는 외모로 하지 말고 오직 마음에 숨은 사람을 온유하고 안정한 심령의 썩지 아니할 것으로 하라 이는 하나님 앞에 값진 것이니라"(벧전 3:3-4).

이 말씀을 오해하지 마십시오. 이 말씀은 아내들이 외모에 전혀 신경 쓰지 말고 너저분하게 다녀도 좋다는 의미가 아닙니다. 저는 흐트러진 모습으로 다니는 것이 마치 영성의 표시인 양 착각하는 사람들을 종종 봅니다. 그들은 영성이 깊은 사람은 외모에 신경쓰지 않는다고 생각하는 것 같습니다. 그러나 이것은 잘못된 생각입니다.

베드로는 외적인 치장과 내적인 치장을 대조합니다. 현대 문화는 외적인 치장에 몰두하는 문화입니다. 많은 젊은이가 결혼의 가장 중요한 조건으로 외모를 꼽습니다. 바로 이러한 잘못된 풍토가 그들의 결혼을 망치는 것입니다.

요즘은 의식하지 않는다면, 외모와 화장과 같은 외적인 치장에 정신이 팔릴 수밖에 없습니다. 쇼핑몰과 텔레비전이나 잡지를 보십시오. 외모만 아름다우면 성공한다는 거짓말을 모든 매체가 광고합니다. 그러나 우리가 잘 알듯 외적인 아름다움은 오래 가지 않습니다. 반면 내적인 아름다움은 영원합니다. 하나님은 우리의 외모에 감동받지 않으십니다. 그러나 내적인 아름다움은 하나님이 인정하고 기뻐하십니다. 그래서 내면이 아름다운 여성은 하나님을 기쁘시게 할 뿐만 아니라 주위 사람들에게 감동을 주는 것입니다.

한 번 자신을 되돌아보십시오. 자신이 외모에 쏟아 붓는 돈과 영성 개발에 쏟아 붓는 돈을 한 번 저울에 올려놓아 보십시오. 만일 외적 치장에 지나치게 저울이 기울어져 있다면 삶의 방향을 교정해야 합니다. 세상에 속지 마십시오. 진정으로 중요한 것은 내면의 아름다움입니다. 내면의 아름다움을 위해 행실을 조심해야 합니다. 남편에게 순종하는 자는 내면을 가꾸어야 합니다.

남편을 존중하라

마지막으로 남편을 존중하라는 것입니다.

"사라가 아브라함을 주라 칭하여 순종한 것 같이 너희는 선을 행하고 아무 두려운 일에도 놀라지 아니하면 그의 딸이 된 것이니라"(벧전 3:6).

이 구절을 읽으면서 어떤 사람들은 속으로 이렇게 생각할지 모르겠습니다. '아이고, 믿음의 조상 아브라함 정도라면 제가 순종하고 주라고 부르지요. 저 사람이 어떤지 몰라서 그렇게 말씀하시는 겁니다.' 과연 그럴까요? 우리가 성경을 읽을 때 흔히 하는 실수는 지나치게 잘못된 상상을 한다는 것입니다. 아브라함을 현대의 남성으로 변신시켜 놓으면 다음과 같은 사람입니다.

어느 날 남편이 계시를 받았다며 아프리카 오지로 이민을 가겠다고 합니다. 그래서 함께 떠났는데, 아주 힘이 좋고 건장하고 돈이 많은 남자가 당신을 탐하여 데려가려고 합니다. 남편이 목숨을 걸고 싸워도 시원치 않을텐데 그 돈과 권력 앞에 주눅이 들어 "내 누이동생이니 데려가시오" 하고 돈을 받습니다. 그것도 두 번씩이나 말입니다. 그런 사람을 주라고 부를 수 있습니까?

그러다가 어느 날 상의 한 마디 없이 행실이 좋지 못한 조카 롯에게 노른자 땅을 주고 들어옵니다. 여기까지는 다 용서한다고 칩시다. 그런데 하나님이 아들을 갖다 바치라고 했다고 그 아들을 죽이려고 하는 것입니다. 하나밖에 없는 아들을 높은 산꼭대기로 데려가 밧줄로 묶고 칼을 들었다면, 그 모든 사실을 알고도 주라고 부르겠습니까? 이것이 아브라함입니다.

성경의 인물을 지나치게 미화하지 마십시오. 하나님의 은혜로 아브라함은 믿음의 조상이 된 것입니다. 그도 점차 성장하여 변화된 것입니다. 아브라함 역시 우리와 똑같이 흠이 많은 사람이었습니다. 그런데 성경은 아브라함의 수많은 실수에도 불구하고 사라가 아브라함을 주라고 불렀다고 말씀합니다.

성경은 이것이 그리스도인 아내가 남편을 대하는 마음이어야 한다고 말씀합니다. 남편의 변화는 아내의 책임이 아닙니다. 오직 하나님 앞에서의 책임은 자신의 삶일 뿐입니다. 하나님이 가르쳐주신 아내의 길을 걸어가기를 축복합니다.

남편을 향한 명령

남편을 향한 명령은 일곱 절 가운데 딱 한 절뿐입니다. 누군가는 이런 사실에 불평하기도 하지만, 전혀 그럴 필요가 없습니다. 이 구절은 짧지만 그 무게가 가히 메가톤급이기 때문입니다. 성경은 세 가지 명령을 남편에게 줍니다.

아내와 동거하라

남편은 아내와 동거하라는 것입니다.

"남편들아 이와 같이 지식을 따라 너희 아내와 동거하고"(벧전 3:7상).

이것은 물리적인 동거를 뜻하는 것이 아닙니다. 한 집에 살면서도 함께 거하지 않을 수 있습니다. 이 말씀은 한 지붕 아래 같이 사는 것 이상을 의미합니다. 다시 말해 친밀함을 의미하는 것입니다. 남편은 진심으로 아내와 모든 것을 함께해야 합니다. 직장에서 돌아와 집에 있으면서도 생각은 딴 데 가 있고, 늘 딴짓을 하는 남편이 얼마나 많습니까? 이는 동거하는 것이 아닙니다.

아내는 남편의 마음이 자신에게 있는지 아니면 일이나 취미생활에 있는지 다 압니다. 퇴근해서 아내가 어떤 하루를 보냈는지 전혀 관심도 없이 소파에 누워 텔레비전을 보고, 신문을 읽으며 같이 밥을 먹습니다. 과연 이것이 동거하는 것입니까? 성경에 따르면 이것은 결코 동거가 아닙니다.

그렇다면 성경이 말하는 동거가 무엇입니까? 밥을 먹거나 이야기를 하거나, 텔레비전을 보더라도 무엇이든 함께하는 것입니다. 남편은 아내와 동거하기 바랍니다. 집에서 만날 스마트폰이나 일에 매여 있지 마십시오. 가능하면 일은 회사에서 다 하고 오십시오.

남편이 그렇게 할 때 자녀들이 보고 배웁니다. 가정의 문화는 남자가 주도하는 것입니다. 이러한 배움이 자녀에게 왜 중요합니까? 그들이 결혼하면 그대로 행하기 때문입니다. 가족 구성원이 같이 살지만 다들 각각 생활한다면 나중에 그들이 결혼하고 가정을 꾸려도 배우자와 동거하지 않을 것입니다.

아내를 알라

남편을 향한 두 번째 명령은 아내를 아는 것입니다. 동거하되 "지식을 따라" 해야 한다고 말씀합니다. 여기서 말하는 지식은 학문적인 지식이 아닙니다. 경험과 생활에서 비롯된 지식입니다. 아내의 모든 것을 철저히 이해하는 것을 뜻합니다. 어떤 사람은 이 명령을 들으며 '아, 나는 내 아내를 잘 알지. 키도 알고 몸무게도 알아'라고 생각할 수 있습니다. 그러나 그런 앎을 말하는 게 아닙니다. 여기서의 앎은 영적인 상태를 아는 것이고 감정을 아는 것입니다. 요즘 걱정거리가 무엇인지, 왜 우울한지 등 남들이 모르는 아내의 모습을 알아야 한다는 말입니다.

아내를 알기 위해서는 많은 노력이 필요합니다. 특별히 대화가 필요합니다. 아내의 이야기를 많이 들어주어야 합니다. 아내에게 귀를 기울여야 합니다. 아내는 바로 이런 남편을 원합니다. 돈을 많이 버는 남편을 원하는 것 같지만 실제로는 아닙니다. 아내에게는 모두 하나님이 지으신 마음이 있습니다. 진심으로 아내의 이야기를 들어 보십시오. 그러면 아내는 만족합니다. 본문은 이어서 이렇게 말씀합니다.

> "그를 더 연약한 그릇이요 또 생명의 은혜를 함께 이어받을 자로 알아 귀히 여기라 이는 너희 기도가 막히지 아니하게 하려 함이라 또는 그 아내를 더 연약한 그릇 같이 여겨 지식을 따라 동거하고"(벧전 3:7하).

먼저 아내가 연약한 그릇이라는 것을 알아야 한다는 것입니다. 이것은 육체적인 연약함과 정서적인 예민함을 뜻합니다. 아내는 마구 던져도 되는 놋그릇이 아니라 귀한 도자기입니다. 아내를 귀히 대하십시오.

또 하나는 생명의 은혜를 함께 이어받을 자라고 말합니다. 물론 이 구절이 나중에 함께 천국에 갈 것을 뜻하지만, 많은 신학자가 그렇게만 해석하지 않습니다. 이는 현재의 은혜를 의미하는 것입니다. 좀 더 구체적으로 말하면 남편이 아내를 귀하게 여길 때 하늘로부터 내려오는 하나님의 복과 은혜가 아내를 통해 남편에게 임한다는 것입니다. 아내는 귀하고 연약한 그릇이요, 생명의 은혜를 남편에게 전달해 주고 은혜를 함께 받는 통로이며 동반자라는 것입니다.

아내를 귀히 여기라

세 번째로 남편에게 하나님은 아내를 귀히 여기라고 명령하십니다. 이 명령은 너무 간단합니다. 이 단어를 따로 해석할 필요가 없을 정도입니다. 귀히 여긴다는 말을 누가 모르겠습니까? 이 말은 아내에게 영의 자리를 내어 준다는 뜻입니다. 남편은 아내를 자신의 일정에서, 마음에서, 생각에서 최우선 순위에 두어야 한다는 것입니다.

성경은 육체적으로나 정서적으로 강한 남자들이 약한 여자들을 보호해야 한다고 말씀합니다. 여자들은 연약한 그릇이기 때문에 냉정한 말 한 마디에도 상처를 받습니다. 싸늘한 눈빛 하나에도 가슴에 큰 못이 박힙니다. 그러면 어떻게 해야 합니까? 생명의 유업을 이어 받을 자로 알고 보호해야 합니다. 어릴 때부터 습득한 잘못된 관습을 버리고 성경 말씀을 따라 살아야 합니다.

자신은 가만히 있으면서 아내에게 무언가를 가져오라고 하는 남편이 있습니다. 이런 모습은 올바른 남편의 태도가 아닙니다. 이 말씀을 모르는 사람입니다. 물론 가끔 아내가 갖다 줄 수도 있습니다. 그러나 늘 그래야 하는 것은 아닙니다. 퇴근해서 집에 돌아와서도 마찬가지입니다. 경상도 남자들은 다음과 같은 세 마디만 한다는 우스개가 있습니다. "아는? 밥 묵자. 자자." 오죽하면 이런 말이 나왔겠습니까? 이것은 성경적인 삶이 아닙니다. 고쳐야 합니다. 어떻게 고쳐야 합니까? 집에 돌아와 "여보, 힘들지?" 하며 어깨를 두드려주십시오. 아내는 언제나 이러한 관심과 배려를 원합니다. 그런 면에서 아내는 단순합니다. 아내는 이런 남편을 위해 헌신합니다.

아내와 남편에 대한 이 명령은 상대의 상태에 따른 명령이 아닙니다. 오직 자신이 하나님 앞에서 해야 할 명령입니다. 오늘 우리가 이 말씀을 따를 때 무너져가는 가정을 살릴 수 있을 것입니다. 우리 가정이 살아야 이 사회가 삽니다. 우리가 이 명령에 순종할 때 우리의 자녀가 굳건히 서고 가정이 살아납니다. 말씀에 순종함으로 삶과 가정 생활이 변화되기를 축복합니다.

8장

영적 성숙의 척도

베드로전서 3:8-12

⁸마지막으로 말하노니 너희가 다 마음을 같이하여 동정하며 형제를 사랑하며 불쌍히 여기며 겸손하며 ⁹악을 악으로, 욕을 욕으로 갚지 말고 도리어 복을 빌라 이를 위하여 너희가 부르심을 받았으니 이는 복을 이어받게 하려 하심이라 ¹⁰그러므로 생명을 사랑하고 좋은 날 보기를 원하는 자는 혀를 금하여 악한 말을 그치며 그 입술로 거짓을 말하지 말고 ¹¹악에서 떠나 선을 행하고 화평을 구하며 그것을 따르라 ¹²주의 눈은 의인을 향하시고 그의 귀는 의인의 간구에 기울이시되 주의 얼굴은 악행하는 자들을 대하시느니라 하였느니라.

구원받은 자들이 마땅히 걸어야 할 한 길이 있습니다. 그것은 바로 성숙을 향한 길입니다. 우리는 성장해야 합니다. 스스로에게 한 번 질문해 보십시오. 구원받은 이후 얼마나 성장했습니까? 성경에서 가장 심각한 경고문으로 알려진 히브리서 5-6장에서 히브리서 기자는 독자를 강하게 책망합니다.

"때가 오래 되었으므로 너희가 마땅히 선생이 되었을 터인데 너희가 다시 하나님의 말씀의 초보에 대하여 누구에게서 가르침을 받아야 할 처지이니 단단한 음식은 못 먹고 젖이나 먹어야 할 자가 되었도다"(히 5:12).

이것은 쉽게 말하면 "너희는 턱수염이 날만큼 자랐는데도 여전히 젖병만 빨고 있구나!" 하는 뜻과 같습니다. 책망의 말씀인 것입니다. 오늘날 교회 안에 이런 사람들이 얼마나 많은지 모릅니다. 그들은 오래 교회를 다녔지만 결코 성장할 생각을 하지 않습니다.

더욱 심각한 문제는 그들 대부분이 자기가 미성숙한 아이와 같은 상태라는 사실을 모른다는 것입니다. 분명 미성숙한 아이인데 자신이 성숙하다고 착각합니다. 성숙에 대해 잘 모르기 때문입니다. 그들은 성경에 대한 지식을 성숙으로 착각합니다. 교회 직분과 부서 사역을 성숙의 증거로 생각합니다. '내가 오랫동안 성가대에서 봉사하고 교사로 섬겼는데 이제 나도 어느 정도 성숙했겠지?'라고 생각하는 것입니다.

물론 봉사는 귀합니다. 그러나 봉사가 성숙을 의미하는 것은 아닙니다. 만일 그렇게 생각했다면 왜 주님이 바리새인들을 그렇게 혹독하게 책망하셨는지 묵상하기 바랍니다. 바리새인들은 성경 박사였습니다. 그들의 삶 자체가 종교생활이었고 봉사였습니다. 그러나 하나님의 눈으로 볼 때 그들은 자라지 않은 병든 자들에 불과했습니다.

그러나 이 모든 이유보다 성숙에 대해 착각하게 하는 것이 하나 있는데, 그것은 바로 자신이 이룬 업적과 성공입니다. 많은 목회자가 교회를 확장하고 수많은 사람을 모은 것을 목회의 성공이라 여기며 성숙의 증거로 생각합니다. 그러나 이것은 잘못된 생각입니다. 어떤 성도는 사회적 성공과 더불어 교회에서 여러 직분으로 섬기는 것을 성숙의 증거로 생각하기도 합니다. 그러나 이 또한 잘못된 생각입니다. 전혀 성숙하지 않아도 교회가 부흥할 수 있습니다. 영적 미숙아가 교회나 사회에서 대단한 일을 할 수도 있습니다.

베드로는 성숙을 점검할 수 있는 다섯 가지 내용을 소개합니다. 이 내용을 바탕으로 하나님 앞에서 자신을 정직하게 살펴보십시오. 그리고 이 가운데 어떤 요소가 부족한지 살피고 기도하며 성숙을 이루어가기 바랍니다.

하나 됨

첫 번째는 하나 됨입니다.

"마지막으로 말하노니 너희가 다 마음을 같이하여"(벧전 3:8).

하나 됨을 생각할 때 이것이 획일적인 하나 됨을 의미하는 게 아니라는 사실을 알아야 합니다. 특별히 우리나라 사람들은 이 부분을 유의해야 합니다. 왜냐하면 문화적으로 획일적인 하나 됨을 떠올리기 쉬운 환경 속에서 성장했기 때문입니다. 학창시절에 머리를 짧게 자르고 교복을 입습니다. 남자들은 군대에서 군복을 입습니다. 우리나라의 문화적 배경인 유교의 가장 두드러진 특징이 바로 획일적인 하나 됨입니다.

그러나 성경이 말하는 하나 됨은 획일적인 하나 됨이 아니라 다양성 속에서의 하나 됨입니다. 그래서 이 하나 됨은 어렵습니다. 모두 똑같이 하나 되는 것은 그리 어렵지 않지만 다양성 속에서 하나가 되는 것은 어렵습니다.

한 교회를 다니더라도 어떤 사안에 대한 생각과 견해가 다를 수 있습니다. 한 예로 정치 견해가 다를 수 있습니다. 어떤 사람은 야당을 지지하고 어떤 사람은 여당을 지지합니다. 성경이 말하는 하나 됨은 이처럼 다름에도 불구하고 하나 됨을 유지하는 것입니다. 성숙은 무엇으로 알 수 있습니까? 자신과 다르더라도 하나 됨을 유지할 수 있는 능력으로 알 수 있습니다.

다양성 속에서 하나 됨을 유지하려면 본질과 비본질을 구분할 줄 알아야 합니다. 본질적인 부분은 흔들리지 말아야 합니다. 성경이 말하는 교리와 진리에 대해서는 타협하지 말아야 합니다. 그러나 비본질적인 부분에서는 바다처럼 넓은 마음을 가져야 합니다. 가슴 아프게도, 본질적인 이유보다는 비본질적인 이유로 하나 됨이 깨지는 경우가 많습니다. 특히 교회에 분쟁과 다툼이 벌어지고 깨질 때는 본질적인 이유 때문인 경우가 거의 없습니다. 흔히 건축 문제나 재정 문제로 갈라집니다. 최근에 한 교회가 성가대 예산 때문에 갈라졌다는 이야기를 들었습니다. 이는 비본질적인 이유입니다.

하나 됨이라는 항목에서 얼마나 성숙한지 스스로 돌아보기 바랍니다. 다른 사람들과 얼마나 조화를 이루고 있습니까? 학력과 생각, 모든 것이 다른 사람들과 하나 됨을 이루고 있습니까? 성경은 다양성 속에서 하나 됨을 유지하는 것이 영적 성숙이라고 말씀합니다.

> "나는 세상에 더 있지 아니하오나 그들은 세상에 있사옵고 나는 아버지께로 가옵나니 거룩하신 아버지여 내게 주신 아버지의 이름으로 그들을 보전하사 우리와 같이 그들도 하나가 되게 하옵소서"(요 17:11).

이것은 주님이 이 땅에서 하신 마지막 기도입니다. 편견과 옹졸함으로 인해 하나 됨을 깨뜨린 적이 있습니까? 그렇다면 하나님 앞에서 회개하고 돌이키며 비본질적인 면에 있어서는 바다처럼 마음을 넓히기 바랍니다.

우리는 세대 차이를 극복할 수 있습니다. 정치 견해의 차이도 극복할 수 있습니다. 이것이 참된 교회의 모습입니다.

자애로운 우정

두 번째는 자애로운 우정입니다.

> "마지막으로 말하노니 너희가 다 마음을 같이하여 동정하며 형제를 사랑하며 불쌍히 여기며"(벧전 3:8).

여기에 나온 "동정하며", "형제를 사랑하며", "불쌍히 여기며"라는 말은 각기 다른 것 같지만 사실 하나입니다. 그 중심은 바로 "형제를 사랑하며"입니다. 이 단어가 세 단어를 하나로 묶습니다. 앞뒤의 두 단어는 이 단어의 의미를 설명합니다. 어려운 일을 당했을 때 진정으로 함께하며 기도하고 도와줄 수 있는 친구가 몇 명이나 있습니까? 이것이 영적 성숙입니다. 수십 년간 신앙생활을 했지만 참된 믿음의 친구가 한 명도 없다면 영적으로 성숙하다고 하기 어렵습니다.

진정한 친구는 저절로 생기지 않습니다. 만들어가야 합니다. 본문은 두 가지를 말씀합니다. 먼저 "동정하며"입니다. 이 말은 공감하는 것을 의미합니다. 감정까지 함께 나누는 것입니다. 하나님은 바울을 통해 우리 믿는 자들에게 이렇게 명령하셨습니다.

> "즐거워하는 자들과 함께 즐거워하고 우는 자들과 함께 울라"(롬 12:15).

이 말씀이 쉬운 것처럼 보여도 쉽지 않습니다. 이렇게 하려면 질투와 시기를 다 버려야 합니다. 특히 어려운 자들과 함께 우는 것보다 즐거워하는 자들과 함께 즐거워하는 게 훨씬 더 어렵습니다. 같은 교회를 섬기는 성도가 넓고 좋은 집으로 이사할 때, 정말 자신의 일처럼 기뻐할 수 있습니까? 사실 이것은 어려운 일입니다.

그러나 우리는 그렇게 해야 하고, 할 수 있습니다. 그렇게 하지 못한다면 사랑하지 않는 것입니다. 도리어 시기하고 질투한다면 교회가 무엇인지 모르는 것입니다. 혈연은 이 땅에서 끝이 납니다. 그러나 예수 그리스도의 피로 구원받은 교회의 지체가 된 관계는 천국까지 영원히 이어집니다. 친구는 저절로 생기지 않습니다. 고통당할 때 진심으로 다가가 공감하고 도와주어야 합니다. 마음으로 함께해야 합니다.

정말 누군가와 믿음 안에서 깊은 우정을 나누기 원합니까? 그렇다면 그와 감정을 함께 나누기 바랍니다. 그가 겪은 일을 자신의 일처럼 여기며 함께 울어보십시오. 가장 좋은 방법은 하나님 앞에서 기도하는 것입니다. 처음에는 마음이 생기지 않더라도 기도할 때 성령이 마음을 움직여 주십니다. 그러면 어떻게 됩니까? 그 사람의 일이 마음으로 다가옵니다. 사람은 영적 존재라 서로 교감합니다. 우정은 동정하고 공감할 때 자라납니다.

형제 사랑 뒤에 "불쌍히 여기며"라는 말이 나옵니다. 이것은 측은히 여기는 것을 의미합니다. 마태는 이 단어를 이렇게 사용했습니다.

> "무리를 보시고 불쌍히 여기시니 이는 그들이 목자 없는 양과 같이 고생하며 기진함이라"(마 9:36).

주님은 영적 분별력을 잃고 세상에 취해 사는 우리를 불쌍히 여기셨습니다. 만일 그분이 우리를 불쌍히 여기지 않으셨다면 우리는 구원받지 못했을 것입니다. 하나님이 우리를 불쌍히 여기셨음을 기억하십시오. 그 결과 우리는 구원을 받았습니다. 그러므로 다른 사람이 잘못을 범해도 그를 불쌍히 여기기 바랍니다. 자신은 한 번도 그런 잘못을 범한 적이 없는 것처럼 그를 향해 화살을 겨누지 말고 불쌍히 여기십시오.

누군가 이혼했습니까? 누군가 병들었습니까? 누군가 어려움을 당했습니까? 판단하지 말고 긍휼히 여기기 바랍니다. 이렇게 한 마음으로 긍휼히 여기고 동정하며 공감할 때 놀라운 일이 생깁니다. 주위에 참된 친구가 생깁니다. 가짜 친구나 이해 관계가 있는 사람들 말고 진정한 친구가 생깁니다.

공감, 긍휼히 여김, 더불어 살아감이 없으면 신앙은 결코 성장하지 않습니다. 머리만 커지고 삶의 변화가 없는 가짜 신앙인이 됩니다. 신앙의 여정에서 진정한 영적 친구를 만들 수 있기를 축복합니다.

겸손

세 번째는 겸손입니다. 우리는 모두 겸손의 중요성을 압니다. 하나님은 반드시 겸손한 자를 높이고 교만한 자를 낮추신다는 사실도 압니다. 그러나 우리 주위에서 참으로 겸손한 사람을 찾기는 쉽지 않습니다. 그 이유는 겸손이 그만큼 어렵기 때문입니다.

겸손은 겸양이나 체면이 아닙니다. 뒤에서 조용히 따르는 내성적인 성향도 아닙니다. 겸손은 쉽게 표현하면 하나님 앞에서 자신을 낮추는 것입니다. 하나님 앞에서 자신의 모습을 대면한 사람은 결코 자신을 높일 수 없습니다. 거룩하신 하나님 앞에 나아가 그 밝은 빛 앞에서 자신의 무능하고 추악한 모습을 본 사람이 어떻게 자신을 높일 수 있겠습니까? 그는 오직 자신이 은혜로 구원받았음을 압니다. 이렇게 날마다 십자가 앞에 나아가는 사람은 자신을 낮춥니다. 지나치게 주장이 강한 사람들은 어떤 설교와 권면에도 쉽게 마음을 열지 않습니다. 어쩌면 그들은 평생 누군가에게 설득된 적이 없을지도 모릅니다.

당신은 진정으로 누군가에게 설득된 적이 있습니까? 영어에 'Teachability'라는 단어가 있습니다. 간단히 말해 가르침을 잘 받아들인다는 의미를 지닌 단어입니다. 이것은 중요한 태도입니다. 왜냐하면 이것이 잠언에 나오는 지혜로운 자의 특징이기 때문입니다. 참으로 지혜로운 자는 가르침을 잘 받아들입니다.

이 단어의 반대는 '강퍅한 마음'일 것입니다. 성경에는 "이스라엘 백성들이 목이 곧고 마음이 단단하며" 그리고 "바로가 마음이 강퍅하며"라는 말씀이 있습니다. 마음이 강퍅한 사람은 누구의 가르침도 듣지 않습니다. 왜냐하면 자신이 최고라고 생각하기 때문입니다. 내색하지는 않지만 내면에 그 누구의 가르침도 거부하는 단단한 마음이 있어 겸손할 수가 없습니다.

저는 설득이 잘 되어서 사기를 당하는 편이 강퍅한 마음을 갖고 사는 것보다는 낫다고 생각합니다. 이 시대에는 딱딱하게 굳은 마음을 지닌 사람이 너무 많습니다. 이는 자신을 지나치게 의지하는 잘못된 마음입니다.

자기에게 늘 결정권이 있어야 하고, 항상 남을 판단해야 직성이 풀립니다. 자신의 생각이 언제나 옳습니다. 이런 자는 겸손과 거리가 먼 영적 어린아이입니다. 하나님 앞에서 우리는 스스로 마음을 낮추어야 합니다.

선행

네 번째는 선행입니다.

> "악을 악으로, 욕을 욕으로 갚지 말고 도리어 복을 빌라 이를 위하여 너희가 부르심을 받았으니 이는 복을 이어받게 하려 하심이라…악에서 떠나 선을 행하고 화평을 구하며 그것을 따르라"(벧전 3:9, 11).

이것이 어떤 삶인지 그려지지 않습니까? 이런 사람은 앙갚음이나 보복을 거부합니다. 이 세상을 보십시오. 세상은 보복의 원리에 따라 움직입니다. 정치계의 모습을 보십시오. 권력이 바뀌면 그들이 제일 먼저 하는 일은 보복입니다. 받은 만큼 되갚는 것입니다. 이것은 정치계에서만 일어나는 일이 아닙니다. 이러한 행태가 우리 사회 전반에 걸쳐 일어납니다. 왜냐하면 되갚는 것이 인간의 본능이기 때문입니다.

교회에서도 마찬가지입니다. 자신이 받은 상처를 꽁꽁 숨겨놓았다가 기회를 노려 상대를 공격하는 일이 자주 일어납니다. 그들은 하나님 나라의 일을 안중에 두지 않습니다. 되갚아 줄 수만 있다면 교회가 손해를 봐도 괜찮습니다. 그들은 공동체가 깨져도 상관없다는 식으로 행동합니다. 베드로는 인간의 왜곡된 본성을 알기 때문에 이러한 권면을 한 것입니다.

상대가 잘못을 했습니까? 명예를 훼손했습니까? 당신의 뜻을 꺾었습니까? 그렇다면 그를 용서하고, 보복하지 마십시오. 누군가가 당신을 험담하고 비난하면 분노를 키우지 말고 하나님 앞에 나아가 내려놓으십시오. 본문은 도리어 그를 용서하고 축복하라고 말씀합니다. 물론 매우 어려운 일입니다. 우리의 연약한 성품으로는 이것이 불가능합니다. 어떻게 하면 이것이 가능할까요? 기도로 주님께 나아가면 주님이 가능하게 하실 것입니다.

주님께 진심으로 나아가 그 문제를 붙들고 기도하십시오. 처음에는 "하나님이 갚아주십시오"라고 기도할 수 있습니다. 그러나 정말 올바르게 기도하면 성령이 기도를 바꾸어 주십니다. 나중에는 오히려 그 사람을 축복할 수 있게 됩니다. 그 순간 마음에 평안이 찾아옵니다. 우리가 이렇게 살아야 하는 이유가 무엇입니까? 바로 이러한 삶을 위해 우리가 부름 받았기 때문입니다. 이것이 우리의 소명이기 때문입니다. 주님이 이미 앞서 그 길을 걸어가셨기 때문입니다. 이것이 바로 성장의 증거입니다. 싸우기를 그치고 손에 들었던 몽둥이를 내려놓을 때, 상대의 무례한 행동에 맞대응하지 않을 때 우리는 비로소 영적으로 성숙할 수 있습니다.

혀를 다스림

다섯 번째는 혀를 다스림입니다.

> "그러므로 생명을 사랑하고 좋은 날 보기를 원하는 자는 혀를 금하여 악한 말을 그치며 그 입술로 거짓을 말하지 말고"(벧전 3:10).

이 말은 수군거림을 삼가고, 다른 사람의 비밀을 누설하지 않으며, 확실하지 않은 정보를 전하지 않는 것을 의미합니다. 진정 생명을 사랑합니까? 자녀와 주위 사람들이 좋은 날 보기를 원합니까? 그렇다면 혀를 다스려야 합니다.

교회 공동체는 주먹으로 깨지지 않습니다. 교회 공동체를 깨는 사탄의 가장 강력한 무기는 바로 말입니다. 확실하지 않은 정보를 전달하지 마십시오. 추측을 사실처럼 말하지 마십시오. 그것이 특정한 가정이나 개인에 대한 것이라면 더욱 주의하십시오. 의지적으로 악한 습관을 끊어야 합니다.

영적으로 성숙한 자들은 어떤 말을 할 때 그것이 사실인가 거짓인가 하는 것보다 자신의 말이 당사자와 그의 가정 그리고 믿음의 공동체에 선인가 악인가, 득인가 실인가를 신중하게 생각합니다. 이러한 태도는 매우 중요합니다. 아무리 사실이라 해도 공동체와 당사자에게 악영향을 끼친다면 신중해야 합니다.

성경은 혀에 불과 같은 파괴력이 있어서 온 집을 다 태운다고 말씀합니다. 시편 기자는 하나님께 자신의 입에 파수꾼을 세워달라고 기도했습니다. 우리도 이러한 태도를 지녀야 합니다. 우리 입에 파수꾼을 세워야 합니다. 그러면 우리가 어찌 함부로 말할 수 있겠습니까? 혀를 다스리는 능력 또한 영적 성숙의 척도입니다.

지금까지 살펴본 다섯 가지 점검 사항을 마음에 새기십시오. 하나 됨,

자애로운 우정, 겸손, 선행, 혀를 다스림이라는 다섯 가지 항목을 두고 잠잠히 하나님 앞에서 자신을 살펴보십시오.

특별히 이 다섯 가지 항목 가운데 부족한 것이 있다면 그것을 두고 기도해야 합니다. 믿음의 공동체와 친구들, 가족에게 자신의 부족함을 시인하며 중보를 부탁하십시오. 그리고 힘써 노력해보십시오.

저는 영적으로 성숙한 성도가 함께하는 믿음의 교회와 가정을 그려봅니다. 하나님이 성숙한 성도를 통해 무너져가는 사회와 교회를 다시 세우실 것이라 믿습니다. 그리고 우리와 믿음의 다음 세대가 영적인 성숙을 이룬 귀한 성도로 빚어지기를 소망합니다.

9장

불공정한 세상에서
승리하는 방법

베드로전서 3:13-17

¹³또 너희가 열심으로 선을 행하면 누가 너희를 해하리요 ¹⁴그러나 의를 위하여 고난을 받으면 복 있는 자니 그들이 두려워하는 것을 두려워하지 말며 근심하지 말고 ¹⁵너희 마음에 그리스도를 주로 삼아 거룩하게 하고 너희 속에 있는 소망에 관한 이유를 묻는 자에게는 대답할 것을 항상 준비하되 온유와 두려움으로 하고 ¹⁶선한 양심을 가지라 이는 그리스도 안에 있는 너희의 선행을 욕하는 자들로 그 비방하는 일에 부끄러움을 당하게 하려 함이라 ¹⁷선을 행함으로 고난 받는 것이 하나님의 뜻일진대 악을 행함으로 고난 받는 것보다 나으니라.

살면서 불공정한 일을 당해보지 않은 사람은 아무도 없을 것입니다. 불공정한 일은 자신이 하지도 않은 것을 책임져야 하고, 마땅히 한 일에 대한 보상은 돌아오지 않는 것입니다.

베드로는 앞에서 부당한 일에 대해 우리에게 권면했습니다. 그가 같은 주제를 반복하여 말하는 것은 앞의 내용을 잊어버려서가 아닙니다. 앞의 내용이 원론이라면, 본문은 각론이라고 할 수 있습니다.

우리는 어떻게 불공정을 딛고 승리할 수 있을까요? 하나님은 베드로를 통해 우리에게 다섯 가지 방법을 알려주십니다.

신분을 상기하라

불공정한 일을 당할 때 우리는 우리의 신분을 상기해야 합니다. 불공정한 일을 당했을 때 가장 먼저 찾아오는 감정은 낙심입니다. 자신이 하지도 않은 일을 책임져야 하고, 열심히 한 일의 열매가 다른 사람에게 돌아간다면 어찌 낙심하지 않을 수 있을까요?

더구나 선을 행했음에도 화가 찾아온다면 얼마나 낙심이 됩니까? 베드로도 이러한 낙심을 알았기 때문에 불공정한 일을 당할 때 먼저 우리가 누구인지 기억하라고 권면합니다. 왜냐하면 그렇게 할 때 우리가 낙심하지 않을 수 있기 때문입니다.

> "또 너희가 열심으로 선을 행하면 누가 너희를 해하리요 그러나 의를 위하여 고난을 받으면 복 있는 자니"(벧전 3:13-14).

베드로가 말하고자 하는 바는 먼저 그리스도 안에서 선을 행하는 자들은 해를 당하지 않는다는 것이고, 혹시 고난과 해를 받는다고 해도 그것이 결국 복으로 이어진다는 것입니다. 우리는 그럴 수밖에 없는 사람들이라는 것입니다. 우리가 왜 이 땅에서 해를 당하지 않습니까? 그 이유는 이것이 바로 하나님이 이 땅에 세우신 일반 원리이기 때문입니다.

이 세상은 죄로 말미암아 타락했습니다. 그러나 여전히 하나님의 원리는 사라지지 않았습니다. 악이 승리하는 것처럼 보여도 하나님의 원리가 여전히 이 땅에 흐릅니다. 그래서 베드로는 그리스도 안에서 우리가 선을 행하면 결코 해를 당하지 않을 것이니 걱정하지 말라고 말합니다.

그러나 여기에도 예외가 있습니다. 선을 행해도 가끔 해를 받을 수 있다는 것입니다.

"그러나 의를 위하여 고난을 받으면 복 있는 자니"(벧전 3:14).

헬라어 원문에는 이 구절이 조건절입니다. 헬라어에는 네 가지 조건절이 있는데, 여기에 등장하는 조건절은 제4 조건절입니다. 제4 조건절은 '일어날 가능성이 매우 희박하지만 그럼에도 일어난다면'이라는 뜻입니다.

그러므로 이 구절은 "선을 행하면 해를 당하지 않는 것이 하나님이 세우신 일반적인 원리이기 때문에, 해를 당할 가능성은 매우 희박하다. 그럼에도 고난과 해가 찾아온다면 낙심하지 마라. 그것은 그 고난이 결국 너희에게 복이 될 것이기 때문이다"라는 뜻입니다.

이것이 바로 베드로가 전하는 메시지의 요점입니다. 우리는 어떤 사람들입니까? 성경은 우리가 그리스도 안에서 이미 하나님의 모든 복을 받은 자라고 선언합니다.

"찬송하리로다 하나님 곧 우리 주 예수 그리스도의 아버지께서 그리스도 안에서 하늘에 속한 모든 신령한 복을 우리에게 주시되"(엡 1:3).

우리가 하나님을 찬송해야 하는 이유는 그분이 우리에게 이미 모든 복을 주셨기 때문입니다. 그러나 그리스도인은 복 받으려고 신앙생활을 하는 자들이 아닙니다. 그것은 기복적 신앙입니다. 그렇다면 우리는 왜 신앙생활을 합니까? 복 받기 위해서가 아니라 이미 주신 복이 너무 감사해서 그분을 섬기며 신앙생활을 하는 것입니다.

억울한 일을 당했습니까? 낙심하지 마십시오. 그것은 당신은 이미 그리스도 안에서 하나님의 모든 복을 받았기 때문입니다. 당신의 인생은 불공정한 이 세상의 원리에 따라 움직이지 않고 살아 계신 하나님의 원리에 따라 움직입니다.

그럼에도 불공정한 일이 찾아오면 이것을 기억하십시오. 그 불공정함은 결국 모든 것이 합하여 복이 될 것입니다. 왜냐하면 우리는 이미 복 받은 자이기 때문입니다. 이 세상의 원리는 우리를 좌지우지하지 못합니다. 우리는 이미 복을 받은 자입니다.

두려워하지 마라

불공정한 일을 당할 때 하나님은 우리에게 두려워하지 말라고 말씀하십니다. 주위가 불공정하게 돌아갈 때 우리가 느끼는 또 다른 감정은 두려움입니다. 이는 우리가 연약한 사람이기 때문입니다. 사회학자들은 공정하지 못한 국가 권력의 영향을 받는 국민일수록 공포심이 크다고 말합니다. 탈북한 사람들은 상담이 필요할 정도로 두려움이 많다고 합니다. 북한 사회가 너무나 불공정하기 때문에 자신이 하지도 않은 일을 억울하게 덮어 쓰는 경우가 많습니다. 독재자가 다스리는 사회에는 공정함이 없습니다. 온갖 불법과 불공정이 판을 칩니다. 아무리 법을 잘 지켜도 소용이 없습니다. 언제 어떻게 불이익을 당할지 모릅니다. 그래서 그러한 사회의 사람들은 늘 두려움에 떨 수밖에 없습니다. 그러나 자유로운 남한에서도 권력의 횡포가 존재합니다. 많은 직장인이 상사의 잘못된 지시에 맞서지 못합니다. 불이익을 당할까 두렵기 때문입니다. 권력과 부를 가진 자들이 불공정하게 주변의 상황을 몰아갈 때 우리는 마음 깊이 두려움을 느낍니다. 혹시 해를 입지는 않을까, 손해를 보지는 않을까 걱정합니다. 베드로는 이것을 알기 때문에 우리를 권면합니다. 두려움에 사로잡히는 순간, 우리는 불공정한 사회의 영향력 안에 들어가 지고 만다는 것입니다. 그래서 주님은 불이익을 당할 때 더 큰 손해를 입을까 걱정하거나 두려워하지 말라고 말씀하십니다.

"너희는 마음에 근심하지 말라 하나님을 믿으니 또 나를 믿으라"(요 14:1).

여기에서 근심이라는 단어는 바로 베드로전서 3장 본문에 나오는 두려움이라는 단어와 똑같은 단어입니다. 옳은 일을 했습니까? 불공정한 사회 속에서 하나님을 바라보고 공의로운 길을 택했습니까? 그렇다면 불공정한 권력자가 손해를 끼칠 것을 염려하지 마십시오. 왜냐하면 우리가 섬기는 하나님은 여전히 이 땅의 통치자이시기 때문입니다. 역사는 사탄의 승리처럼 보이지만 결코 그렇지 않습니다. 하나님이 최후 승리자이십니다. 그분은 정의와 공의의 편이십니다. 그분은 우리 편이십니다. 주님은 친히 이렇게 말씀하셨습니다.

"내가 내 친구 너희에게 말하노니 몸을 죽이고 그 후에는 능히 더 못하는 자들을 두려워하지 말라 마땅히 두려워할 자를 내가 너희에게 보이리니 곧 죽인 후에 또한 지옥에 던져 넣는 권세 있는 그를 두려워하라 내가 참으로 너희에게 이르노니 그를 두려워하라"(눅 12:4-5).

주님은 그리스도인이 불공정한 사회에서 어떤 태도와 마음으로 살아가야 할지 말씀하십니다. 우리는 연약합니다. 공권력 앞에서 두려움을 느끼지 않을 사람이 어디 있겠습니까? 저도 고등학교 시절 의분을 품고 함께 데모하다가 경찰서에 끌려 간 적이 있었습니다. 그때 최고 책임자가 매를 맞는 것을 보고 몹시 두려웠습니다.

　우리는 사람이기 때문에 본능적으로 두려움이 있을 수밖에 없습니다. 그러나 하나님은 이 말씀을 들은 이후에는 우리가 그 두려움을 물리쳐야 한다고 말씀하십니다. 두려움에 사로잡혀서는 안 된다는 것입니다. 두려움 때문에 타협하지 말아야 한다는 것입니다.

　그렇다면 우리는 어떻게 살아야 합니까? 눈을 들어 이 역사를 통치하고 주관하시는 하나님을 바라보아야 합니다. 그때 우리는 이 불공정한 사회에서 승리할 수 있습니다. 불공정한 일이 찾아올 때 우리는 우리가 누구인가를 기억하며 두려워하지 말아야 합니다.

그리스도를 주로 인정하라

부당한 일을 당할 때 하나님은 그리스도를 주로 인정하라고 말씀하십니다.

　　"너희 마음에 그리스도를 주로 삼아 거룩하게 하고"(벧전 3:15).

　이 말씀은 핍박자들의 위협을 두려워하는 것과 큰 대조를 이룹니다. 우리의 주인은 권력자가 아니라 바로 주님이십니다. 우리는 마음에 계신 주님을 주인으로 모시고 거룩하게 여겨야 합니다. 여기서 거룩히 여긴다는 것은 예수님의 신성을 인정한다는 뜻입니다. 그리스도를 주인으로, 주님으로 모셔 그분의 신성을 인정한다는 것입니다.

　주님은 풍랑 속에서 괴로워하는 제자들에게 친히 나타나셔서 이렇게 말씀하셨습니다. "내니 두려워 말라." 그런데 본문을 자세히 읽어보면 그날 제자들을 풍랑이 이는 호수로 보낸 것은 바로 주님이셨습니다. 주님은 왜 그들을 풍랑이 이는 호숫가로 보내셨을까요? 그리고 그 풍랑 가운데서 고생하는 제자들 앞에서 물 위를 걸으심으로 그들을 깜짝 놀라게 하셨을까요? 그 일로 자신이 누구인지 제자들에게 가르치기 원하셨기 때문입니다. 그리스도는 주님이십니다! 이 세상의 창조주시요, 이 세상을 지금도 한 손으로 붙드는 구원자이자 만왕의 왕, 우리의 주인이신 예수님입니다.

우리는 날마다 이것을 삶 속에서 인정해야 합니다. 만일 그분이 이 세상뿐만 아니라 우리의 삶을 주관하는 하나님이시라면 우리는 우리에게 다가오는 불공정한 일들을 두려워할 필요가 없습니다. 그들이 우리에게 불이익을 줄까 염려할 필요도 없습니다. 이 세상에는 지금도 불의한 일들이 일어납니다. 권력을 가진 자들은 우리를 불공정하게 대할 수 있습니다. 그러나 우리는 그들을 두려워하지 않습니다. 주님이 이 세상의 주인이며 우리 인생의 주인이시기 때문입니다. 날마다 이것을 인정하십시오.

불공정한 일에서 승리하기 원한다면 자신이 누구인가를 알고 두려움에서 벗어나 그리스도를 날마다 주로 인정해야 합니다.

증인이 되라

또한 하나님은 우리에게 불공정한 일을 당할 때에도 증인이 되어야 한다고 말씀하십니다.

> "너희 속에 있는 소망에 관한 이유를 묻는 자에게는 대답할 것을 항상 준비하되 온유와 두려움으로 하고"(벧전 3:15하).

이 말씀은 우리가 불공정한 일 앞에서 조금도 굴하거나 두려워하지 않고 담대히 공의의 길을 걸어가면 주위 사람들이 우리를 보고 의문을 가질 거라는 뜻입니다.

이 세상 모든 사람이 죄로 말미암아 타락했지만 그들의 마음속에는 여전히 하나님의 형상으로 지음 받은 피조물의 흔적이 있습니다. 그래서 인간의 마음에는 올바른 길을 걸어가고 싶은 소망이 있는 것입니다. 환경을 바라보고 타협할 뿐이지, 여전히 그들 마음에는 옳은 길에 대한 사모함이 있습니다. 마음이 약해져 타협한 이후에 그들은 마음 깊은 곳에서 후회를 합니다. 그래서 어떤 사람들은 체념하며 살아갑니다.

그런데 우리가 이 말씀을 붙들고 불공정한 상황에서도 세상과 타협하지 않고, 해를 두려워하지 않으며 담대하게 정의의 길을 걸어간다면 그들은 의문을 품고 먼저 우리에게 다가올 것입니다. 그때 우리는 소망이신 예수 그리스도를 그들에게 소개할 수 있습니다. 쉽게 말해 불의의 길을 물리치고 공의의 길을 걸어가면 간증의 기회가 생긴다는 것입니다.

이것이 신앙생활이 어려운 이유입니다. 만일 신앙생활이 세상에서 자기 마음대로 살다가 일주일에 한 번 교회에 나와 멋진 예배를 드리는 것일 뿐이라면 누가 신앙생활을 못하겠습니까? 이렇게 쉽게 신앙생활을 하는 자들이 오늘날 한국 교회에 얼마나 많은지 모릅니다. 그것이 한국 교회가 약화된 이유입니다. 그러나 그것은 종교생활이지 신앙생활이 아닙니다.

성경은 우리에게 "너희 몸을 거룩한 산 제물로 날마다 드리라 이것이 너희가 드릴 영적 예배니라"라고 말씀합니다. 이것이 예배이기 때문에 신앙생활은 어렵습니다.

우리가 하나님 앞에 나아와 말씀을 듣고 은혜를 받으면 어떻게 해야 합니까? 예배는 교회를 떠날 때부터 시작되는 것입니다. 불공정한 구조로 이루어진 세상에 나가 그들과 똑같이 타협하고 아무런 차이 없이 살아가는 것은 믿는 자의 모습이 아닙니다. 그것은 가짜 신앙입니다. 불공정함에 맞서 싸우고 공의의 길을 걸어가는 것은 고통스러운 일이라, 마치 제물을 드리는 것과 같습니다. 그러나 우리는 그 길을 걸어가야 합니다. 이것이 신앙생활이며 간증입니다. 이것이 삶으로 하는 전도입니다.

그들이 언젠가 물을 것입니다. "그처럼 억울한 일을 당하고도 어떻게 그렇게 행복합니까?"라고 말입니다. 그때 우리는 자신의 간증을 할 수 있습니다. 그런데 이때, 한 가지 조심해야 합니다. 오직 온유함과 두려움으로 해야 한다는 것입니다.

옳은 길을 걸어가는 자들이 흔히 범하는 실수가 바로 우월 의식입니다. 나는 바른 길을 걸어가는데, 너는 틀렸다는 것입니다. 이러한 우월 의식은 자연스레 비판 의식으로 이어집니다. 그래서 오히려 죄를 짓는 사람보다 조금 더 올바르게 산 사람들 가운데 주변 사람들을 더 괴롭게 하는 사람들이 많습니다. 비판 의식과 자만 때문입니다. 자신은 올바른데, 상대는 틀렸다는 것입니다.

그래서 하나님은 우리에게 소망에 관한 이유를 묻는 자들에게 간증을 하되 두려움과 온유함으로 하라고 말씀하십니다. 자신이 상대보다 옳거나 잘나서 간증을 하는 게 아닙니다. 부족하지만 날마다 하나님의 은혜로 공의의 길을 걸어갈 뿐입니다. 이런 온유함의 간증이 삶에 가득하기를 축복합니다.

불공정한 사회에서 승리하기 위해서는 우리 자신이 누구인지 기억해야 합니다. 그리스도를 주로 인정하며 두려움을 없애야 합니다. 온유함 가운데 삶의 예배를 드리며 증인이 되어야 합니다.

선한 양심을 지키라

마지막으로 불공정한 일을 당할 때에도 우리는 선한 양심을 지켜야 한다고 말씀합니다.

"선한 양심을 가지라 이는 그리스도 안에 있는 너희의 선행을 욕하는 자들로 그 비방하는 일에 부끄러움을 당하게 하려 함이라"(벧전 3:16).

여기서 말하는 선한 양심은 깨끗함과 고결함입니다. 그런데 왜 베드로는 불공정한 일들을 이기는 방법으로 선한 양심을 강조하는 것일까요? 거기에는 이유가 있습니다. 그 이유는 불공정한 일을 계속 당하다 보면 불평과 분노가 생겨 결국 마음이 무너질 수 있기 때문입니다.

우리는 주위에서 이런 일들을 자주 목격합니다. 신기하게도 악을 행하고 불공정한 일을 행하는 자보다 불공정한 일을 당한 자가 이후에 마음이 더 비뚤어지는 경우를 보게 됩니다. 우리가 힘써 선으로 악을 이기지 않으면 악을 행하는 자들보다 더 망가질 수 있습니다.

주위를 보십시오. 같은 고난과 불공정한 일을 당해도 그 결과가 얼마나 다른지 모릅니다. 어떤 사람은 두려워하지 않고, 자신이 누구인지 기억하며, 그리스도를 주로 시인하면서 성화의 길을 걷습니다. 고난과 불공정한 일을 통해 하나님을 바라보는 믿음을 더 키워나갑니다. 신앙의 인품을 넉넉하게 키웁니다. '내가 손해 좀 보지 뭐. 하나님이 다 갚아주실 텐데' 하고 마음을 넓힙니다. 그런데 어떤 사람은 정반대입니다. 자꾸 불공정한 일을 겪다보면 마음이 단단해집니다. 눈초리가 매서워집니다. 그러면서 마음의 각오를 다집니다. '네가 나를 이렇게 대해? 내가 반드시 몇 배로 갚아주마.' 이렇게 이를 갈면서 마음을 강퍅하게 합니다.

하나님은 우리의 이러한 모습을 알고 선한 양심을 지키라고 명령하시는 것입니다. 마음을 정결케 하고 더욱 부드럽게 하라고 말씀하십니다. 어려울수록 오히려 더욱 의의 길을 걸어가야 한다고 말씀합니다.

베드로는 우리가 이렇게 살아야 하는 이유를 결론으로 제시합니다.

"선을 행함으로 고난 받는 것이 하나님의 뜻일진대 악을 행함으로 고난 받는 것보다 나으니라"(벧전 3:17).

'저 사람은 악을 행해서 부자가 되고, 불의해도 저렇게 잘사는데…안 되겠다. 예배는 예배고 나도 조금 더 악해져야지'라고 생각하며 많은 사람이 선한 양심을 저버립니다. 혹시 과거에 겪은 불공정한 일로 인해 마음에 상처가 있습니까? 그렇다면 주님의 위로를 전합니다. 그러나 과거의 불공정한 일로 마음이 상한 것처럼 앞으로도 불공정한 일을 당하게 될 것입니다. 여기에는 누구도 예외가 없습니다.

그래서 우리는 이 다섯 가지 조언을 마음에 새겨야 합니다. 그렇지 않으면 우리의 마음이 망가지고 맙니다. 악을 행하는 자보다 오히려 더 비참한 마음, 단단하고 척박한 마음이 되어 버립니다. 불공정한 사회에서 이 조언을 붙들어야 합니다.

불공정한 일을 겪을 때 자신이 누구인지 기억하십시오. 우리는 이미 모든 복을 받은 자입니다. 절대 두려워하지 마십시오. 그리스도를 주로 인정하십시오. 하나님이 통치하십니다. 기회가 오면 온유함으로 하나님을 간증하고, 어떠한 경우에도 하나님이 주신 신앙의 선한 양심을 지키십시오. 마음을 더욱 부드럽게 하십시오. 이러한 삶을 살 때 불공정한 일을 이기고 모든 것이 합력하여 복이 될 것입니다. 우리는 이 어두운 사회를 밝히는 하나님의 등불입니다. 이 사실을 기억하며 묵묵히 걸어가는 우리가 되기를 기도합니다.

그리스도를
본받아 살라

베드로전서 3:17-22

¹⁷선을 행함으로 고난 받는 것이 하나님의 뜻일진대 악을 행함으로 고난 받는 것보다 나으니라 ¹⁸그리스도께서도 단번에 죄를 위하여 죽으사 의인으로서 불의한 자를 대신하셨으니 이는 우리를 하나님 앞으로 인도하려 하심이라 육체로는 죽임을 당하시고 영으로는 살리심을 받으셨으니 ¹⁹그가 또한 영으로 가서 옥에 있는 영들에게 선포하시니라 ²⁰그들은 전에 노아의 날 방주를 준비할 동안 하나님이 오래 참고 기다리실 때에 복종하지 아니하던 자들이라 방주에서 물로 말미암아 구원을 얻은 자가 몇 명뿐이니 겨우 여덟 명이라 ²¹물은 예수 그리스도께서 부활하심으로 말미암아 이제 너희를 구원하는 표니 곧 침례(세례)라 이는 육체의 더러운 것을 제하여 버림이 아니요 하나님을 향한 선한 양심의 간구니라 ²²그는 하늘에 오르사 하나님 우편에 계시니 천사들과 권세들과 능력들이 그에게 복종하느니라.

우리는 신앙생활을 하려고 교회에 모인 자들입니다. 스스로 질문해

보십시오. 신앙생활하면서 어려운 것이 무엇입니까? 신앙생활 초반에는 예배 참석이 어렵습니다. 마음껏 시간을 사용하다가 주일 성수를 하고 각종 예배와 훈련에 참석하는 것 자체가 쉽지 않습니다. 특히 한국 교회 성도는 교회에 자주 모이기 때문에 더 어려울 것입니다.

그러다 말씀을 깨닫고 습관적인 신앙생활이 아닌 참된 신앙생활을 하려고 하면 그동안 어렵게 느껴지던 예배 참석과는 비교가 되지 않는 더 큰 짐과 부담이 찾아옵니다. 그것은 바로 하나님의 말씀대로 살아야 하는 마음의 부담감입니다. 많은 사람이 신앙생활을 그저 교회에 나와 예배에 참석하는 정도로만 생각하지만, 성경은 그렇게 말씀하지 않습니다. 우리가 교회에 나오는 이유는 무엇입니까? 왜 예배를 드리고 성경 공부를 합니까? 이유는 단 하나입니다. 바로 우리가 배운 말씀처럼 살기 위해서입니다.

그런데 이렇게 사는 것이 쉽지 않습니다. 왜냐하면 우리 삶의 환경이 성경의 가르침과 많이 다르기 때문입니다. 많은 경우, 세상의 흐름과 성경의 가르침은 일치하지 않습니다. 세상의 물결을 거스르며 사는 것은 정말 어렵습니다. 오죽하면 바울이 이것을 산 제사라고 표현했겠습니까?

그러나 아무리 어려워도 우리는 성경이 가르치는 바를 따라 살아야 합니다. 세상에서 힘들고 비록 손해를 보더라도 성경이 가르치는 길을 따라가야 합니다. 왜냐하면 그것이 참된 신앙생활이기 때문입니다. 그런데 많은 사람이 여기서 무너집니다. 세상과 교회의 경계에서 고민하다가 결국 교회와 세상에서 자신의 모습을 분리합니다.

세상에 나가면 세상의 가치관과 똑같은 물결에 휩싸여 삽니다. 교회는 교회고 세상은 세상일 뿐입니다. 예배와 직장은 완전히 다른 것이라고 생각합니다. 성경 공부를 실제 삶과 별개로 생각합니다. 성경 공부는 성경 공부일 뿐이고 삶은 삶일 뿐입니다.

이러한 자들은 성경의 표현처럼 살아 있는 자 같으나 실상은 죽은 자입니다.

외적으로는 교회를 나와 교인처럼 보이지만, 불신자와 거의 다를 바가 없습니다. 이런 사람들이 모인 교회에는 영향력이 없습니다. 그들의 삶에는 어떠한 변화도 없습니다. 자신은 물론 세상을 조금도 변화시키지 못합니다. 오늘날 한국 교회는 이러한 함정에 빠져 있습니다. 우리는 이 함정에서 벗어나야 합니다.

그래서 베드로는 교회와 세상 사이에서 갈등하는 그리스도인들에게 권면합니다. 그는 세상의 물결을 거스르며 사는 것이 얼마나 힘든지 잘 압니다. 그래서 믿음을 지키려다 억울하고 부당한 일을 당할 때 어떻게 행동해야 하는지 설명하는 것입니다. 그는 서론에서 먼저 연역법으로 이렇게 말합니다.

"선을 행함으로 고난 받는 것이 하나님의 뜻일진대 악을 행함으로 고난 받는 것보다 나으니라"(벧전 3:17).

세상의 방법으로 살면 우리에게 고난이 없고 만사가 형통할까요? 그렇지 않습니다. 세상에서도 악하게 살면 고난이 있습니다. 세상이 아무리 타락했다 해도 사람의 마음에는 하나님 형상의 흔적이 남아 있습니다. 그래서 대다수 사람이 권선징악(勸善懲惡)을 순리로 여깁니다. 선은 장려하고 악은 벌하기 원하는 것입니다. 법도 이러한 원칙을 따라 제정되었습니다. 그래서 세상에서도 악을 행하면 반드시 고난을 받게 됩니다.

선을 행해도 고난받고 악을 행해도 고난받는다면 우리는 어떻게 살아야 합니까? 베드로는 그렇다면 선을 행하는 것이 백 번 낫지 않겠느냐고 말합니다. 그는 특별히 선을 행함으로 고난을 받는 것이 하나님의 뜻이라고 말합니다. 고난이 와도 그리스도인이 선을 행해야 하는 이유는 그것이 하나님의 뜻이기도 하지만, 장차 하나님의 보상이 있기 때문이라는 것입니다.

성경은 우리가 고난 가운데서도 선을 행하면 하나님은 그것을 보고 언젠가 우리에게 보상하신다고 말씀합니다. 중요한 것은 우리가 이 진리를 믿는가

하는 것입니다. 고난 가운데서 선을 행한다면 앞으로 하나님의 보상을 받고 승리할 것이라는 사실을 믿는 것입니다. 우리에게 과연 이처럼 확실한 소망과 믿음이 있는가 하는 것이 문제입니다. 베드로는 이러한 깊은 질문에 답합니다. 그것은 무엇입니까? 아주 간단합니다. 앞서 살았던 한 사람의 삶을 소개하는 것입니다. 그분은 바로 우리가 믿는 예수 그리스도이십니다. 사실 18-22절은 성경에서 해석이 어려운 부분에 속합니다. 해석이 어려운 이유는 거기에 다음과 같은 한 구절이 들어 있기 때문입니다.

"그가 또한 영으로 가서 옥에 있는 영들에게 선포하시니라"(벧전 3:19).

어떤 사람은 이 말씀을 근거로 주님이 죽은 후 부활하시기까지의 기간에 영으로 옥, 즉 지옥에 가서 그곳의 영혼들에게 전도하셨다고 주장합니다. 사실 이것이 한국 교회에 많이 퍼진 이 말씀에 대한 해석입니다.

그러나 이러한 주장을 받아들이기 어려운 이유가 있습니다. 우리가 이 주장을 받아들이면 구원을 얻을 기회가 이 땅이 아닌 곳에 또 있다는 것을 받아들이는 것입니다. 그러면 꼭 이 땅에서 복음을 받을 필요가 없는 셈이 됩니다. 이것은 성경의 전체적인 가르침에 완전히 위배됩니다. 따라서 이 해석은 잘못된 것입니다. 우리는 이 해석에 유의해야 합니다. 성경을 제대로 안다면 도저히 이 주장을 납득할 수 없습니다.

본문에는 분명한 한 가지 사실이 있습니다. 주님이 육체로는 죽임을 당하셨지만 그 영은 살아서 부활하기 전에 지옥을 방문하셨다는 사실입니다. 그리고 주님은 옥에 있는 영들에게 선포하셨습니다. 여기서 논쟁의 핵심은 그곳에 있는 영들은 대체 누구이며, 주님은 그 옥에 있는 영들에게 무엇을 선포하셨는가 하는 것입니다.

다소 어렵지만 이 해석을 알아두면 성경을 읽을 때 도움이 됩니다. 여기서 선포라는 말은 전도라기보다 선언에 가깝습니다. 영어로는 'proclaim'이라는 단어를 썼습니다. 이 단어는 공식적인 칙령을 선포한다는 의미입니다. 그러므로 이 말씀의 뜻은 이와 같습니다. 사탄은 예수님을 십자가에 못 박아 죽임으로 모든 것이 끝났다고 생각했습니다. 그러나 놀랍게도 하나님은 예수님이 죽으신 그 십자가를 통해 승리하셨습니다. 죄의 정죄를 십자가에서 완전히 끝내고 승리하셨습니다. 그래서 예수님은 십자가 위에서 사탄과 죄의 권세를 이기고 승리하신 후 영으로 지옥에 내려가 지옥의 영들에게 승리를 선포하셨다는 것입니다.

그러면 지옥에 있는 영들은 누구일까요? 그 영들에 대해 본문은 이렇게 설명합니다.

"그들은 전에 노아의 날 방주를 준비할 동안 하나님이 오래 참고 기다리실 때에 복종하지 아니하던 자들이라 방주에서 물로 말미암아 구원을 얻은 자가 몇 명뿐이니 겨우 여덟 명이라"(벧전 3:20).

노아의 방주 사건을 우리는 잘 압니다. 그 영들은 노아가 하나님의 심판에 대해 외쳐도 회개하지 않다가 죽은 영혼들입니다. 그런데 어째서 유독 노아의 방주 때 죽은 영혼들에게 승리를 선포하신 것일까요? 이에 대해 성경학자들은 많은 주장을 쏟아냈습니다. 이 본문에 대한 굉장히 많은 주장과 논란이 있습니다. 그러나 그들의 주장을 종합하면 두 가지로 요약할 수 있습니다. 하나는 타락한 천사들입니다. 이 주장의 근거는 창세기 6장에 나옵니다.

"사람이 땅 위에 번성하기 시작할 때에 그들에게서 딸들이 나니 하나님의 아들들이 사람의 딸들의 아름다움을 보고 자기들이 좋아하는 모든 여자를 아내로 삼는지라"(창 6:1-2).

"여호와께서 이르시되 나의 영이 영원히 사람과 함께 하지 아니하리니 이는 그들이 육신이 됨이라…당시에 땅에는 네피림이 있었고 그 후에도 하나님의 아들들이 사람의 딸들에게로 들어와 자식을 낳았으니 그들은 용사라 고대에 명성이 있는 사람들이었더라"(창 6:3-4).

어떤 성경학자들은 창세기 6장 3-4절의 말씀이 타락한 천사가 사람과 결혼하여 낳은 아이를 뜻한다고 주장합니다. 무엇을 근거로 이처럼 주장하는 것일까요? 바로 베드로의 말 때문입니다.

"하나님이 범죄한 천사들을 용서하지 아니하시고 지옥에 던져 어두운 구덩이에 두어 심판 때까지 지키게 하셨으며 옛 세상을 용서하지 아니하시고 오직 의를 전파하는 노아와 그 일곱 식구를 보존하시고 경건하지 아니한 자들의 세상에 홍수를 내리셨으며"(벧후 2:4-5).

놀랍게도 베드로는 타락한 천사들을 옥에 가둔 일을 노아의 홍수와 연관시킵니다. 그래서 학자들이 이처럼 주장하는 것입니다. 하나님을 대적한 천사들이 홍수 이전에 땅에 내려와 사람들을 타락하게 했다는 것입니다. 심지어 사람과 동거하여 자녀를 낳을 정도로 악행을 저질렀다는 것입니다.

그러나 이 주장에는 남자와 여자, 즉 사람을 통해 출생하지 않은 사람이 예수님뿐만 아니라 또 있다는 있다는 의견이 나올 수밖에 없습니다. 그러면 상당히 많은 문제점이 대두됩니다.

그리고 하나님이 타락한 천사들을 마지막 심판 때까지 옥에 가두어 놓으셨는데, 주님이 십자가에서 원수의 머리를 부수신 이후 그들에게 찾아가 승리를 선포하셨다는 것입니다. 이것은 아주 매혹적인 주장입니다. 성경을 영적으로 해석하려 하는 사람들에게는 말입니다.

그러나 이 주장에 반대하는 사람들도 많습니다. 저는 반대하는 입장입니다. 그렇다면 이 영들이 도대체 누구일까요? 이 영들에 대한 다른 해석은 이들이 홍수 전에 타락한 영혼들이라는 것입니다. 노아의 홍수 이전에 멸망한 모든 사람의 영혼이라는 것입니다. 그렇다면 주님은 왜 유독 홍수 이전의 영들에게 승리를 선언하셨을까요? 그 이유는 하나님이 모든 사람을 홍수로 멸망하게 하실 정도로 그들의 삶이 매우 악했기 때문이라는 것입니다. 사실 노아의 홍수 사건은 인류 역사를 통틀어 매우 놀라운 사건입니다. 생각해 보십시오. 노아의 여덟 식구만 빼고 이 땅의 모든 사람이 멸절되었습니다. 그러니 새로운 창조와 다르지 않은 것입니다.

이 말씀에 대한 또 다른 해석은 노아의 홍수 때 죽어서 지금은 지옥에 있는 영들에게 주님이 내려가셔서 승리를 선포하셨다는 것입니다. 이 해석이 그리 특별해 보이지 않아도 문맥적으로 볼 때 가장 타당합니다. 이 말씀을 노아의 홍수 때 죽은 모든 영혼이라고 해석한다면 창세기 6장에 나타난 하나님의 아들들은 누구일까요? 사람의 딸들과 결혼한 하나님의 아들들은 경건한 셋의 후손들입니다. 그들이 하나님을 떠나, 믿지 않는 자의 딸들과 결혼하여 이 세상에 악이 창궐했습니다. 하나님이 노아의 홍수로 말미암아 그들을 심판하셨는데, 예수님은 십자가에서 육체는 죽임을 당하고 영은 살아서 지옥에 가심으로 그곳의 영들에게 승리를 선포하셨다는 것입니다.

이 한 구절의 해석이 어려워서 이 단락이 매우 어렵게 보이지만 사실 이 단락이 말씀하는 바는 간단하고 명확합니다. 우리는 전체적인 문맥을 보아야 합니다. 우리는 성경을 읽을 때 어려운 한 구절로 인해 전체의 메시지를 놓치는 잘못을 저질러서는 안 됩니다.

다시 핵심 문맥으로 돌아가 살펴보면, 베드로는 우리가 세상의 흐름을 따르지 않고 믿음으로 선을 행하며 승리할 수 있는 방법을 말하고 있음을 알 수 있습니다. 승리의 방법은 무엇입니까? 바로 선을 행하는 것입니다. 불의한 세상에서 고난을 당하면서도 어떻게 선을 행할 수 있습니까? 베드로는 그 이유와 방법을 예수님의 삶에서 찾습니다. 그래서 그는 예수님의 삶 전체를 두 구절로 요약합니다. 본문에서 중요한 것은 다음의 두 구절입니다.

"그리스도께서도 단번에 죄를 위하여 죽으사 의인으로서 불의한 자를 대신하셨으니 이는 우리를 하나님 앞으로 인도하려 하심이라"(벧전 3:18).

"죽으사"라는 단어를 어떤 사본은 "고난을 받으사"라고 번역했습니다. 우리는 오직 그리스도가 고난을 받으심으로 하나님 앞에 설 수 있었습니다. 주님의 고난은 실패처럼 보였지만 사실은 승리였습니다. 이 승리는 놀랍게도 창세기 3장에서 아담과 하와가 범죄한 직후 바로 예언되었습니다.

"내가 너로 여자와 원수가 되게 하고 네 후손도 여자의 후손과 원수가 되게 하리니 여자의 후손은 네 머리를 상하게 할 것이요 너는 그의 발꿈치를 상하게 할 것이니라 하시고"(창 3:15).

놀랍게도 여자의 후손은 단수로 쓰였습니다. 세상에는 네 종류의 사람이 있습니다. 첫째, 남자와 여자를 통해 태어난 우리입니다. 둘째, 남자와 여자를 통하지 않고 이 세상에 나온 아담입니다. 셋째, 여자의 몸을 빌리지 않고 남자의 몸에서 나온 하와입니다. 마지막으로 남자의 몸을 빌리지 않고 여자의 몸만 빌려서 이 땅에 태어나신 예수님입니다. 바로 이 예수님, 즉 여자의 후손이 뱀의 머리를 상하게 할 것이고, 뱀은 그분의 발꿈치를 상하게 할 것이라고 말씀합니다.

사탄은 예수님을 십자가에 못 박았습니다. 사탄은 자신이 승리한 줄 알았지만 그것은 예수님의 발꿈치를 깨문 것에 불과했습니다. 하나님은 예수님의 십자가 사건으로 사탄의 머리를 부수셨습니다. 사탄의 무기는 죄와 죄에 대한 정죄입니다. 그런데 예수님이 십자가 위에서 우리의 죄를 다 담당하시고 "다 이루었다!"고 외치셨습니다. 예수님이 죄와 죄의 권세 그리고 정죄를 십자가에서 전부 해결하신 것입니다.

그래서 예수님은 지옥에서 이 승리의 소식을 사탄의 유혹에 빠져 범죄한 영들에게 선언하신 것입니다. 한마디로 주님은 고난을 통해 승리하신 것입니다. 이것이 베드로가 말하려는 바입니다. 또한 주님이 고난을 통해 얻으신 것은 우리의 구원만이 아닙니다.

"그는 하늘에 오르사 하나님 우편에 계시니 천사들과 권세들과 능력들이 그에게 복종하느니라"(벧전 3:22).

천사, 권세, 능력은 다 영계에 있는 인격체입니다. 주님은 고난을 통해 이 세상 모든 인격체의 통치자가 되셨습니다. 본문의 요지는 주님이 고난을 통해 승리하셨다는 것입니다. 그러므로 그 주님을 믿는 우리가 어떻게 살아야 하는가 하는 것이 본문의 핵심입니다. 그 핵심은 다음과 같습니다.

"물은 예수 그리스도께서 부활하심으로 말미암아 이제 너희를 구원하는 표니 곧 침례(세례)라 이는 육체의 더러운 것을 제하여 버림이 아니요 하나님을 향한 선한 양심의 간구니라"(벧전 3:21).

이 구절도 약간 어렵게 느껴지지만 사실 굉장히 쉽습니다. 베드로는 구원받은 자들의 침례(세례)에 대해 이야기하며 그들이 사용하는 물을 노아 홍수 때의 물과 비교합니다. 그러면 노아 홍수 때의 물과 우리가 침례(세례)를 받을 때 사용한 물의 일치점은 무엇일까요? 홍수 때의 물은 죄로 가득 찬 인류를 심판했습니다. 그리고 하나님은 노아와 그의 가족을 악한 세상에서 구출하여 새로운 삶을 살게 하셨습니다. 그렇다면 침례(세례) 때의 물은 무엇을 나타냅니까? 그 물에 들어갈 때 우리는 죽습니다. 침례(세례)를 받았다는 말은 우리의 옛 사람이 죽었다는 뜻입니다.

물에서 나오는 것은 새로 살아났다는 뜻입니다. 노아의 여덟 식구가 새 삶을 시작한 것처럼 침례(세례)를 받을 때의 물이 우리에게 의미하는 것은 우리가 주님과 함께 새로운 삶을 시작했다는 것입니다. 이것이 바로 침례(세례)의 의미입니다.

"너희를 구원하는 표니 곧 침례(세례)라 이는 육체의 더러운 것을 제하여 버림이 아니요 하나님을 향한 선한 양심의 간구니라"(벧전 3:21).

"깨끗한 양심으로 살겠다고 하나님께 서약하는 것이니라"(벧전 3:21, 공동번역).

침례(세례)는 구원에 대한 우리의 반응을 보여줍니다. 침례(세례)는 그리스도와 함께 연합한다는 헌신을 대중 앞에 고백하는 것입니다. 주님은 악을 선으로 이기고 사셨습니다. 우리는 구원받았고, 그 구원을 간증하기 위해 침례(세례)를 받았습니다.

침례(세례)는 의식이 아닙니다. 우리의 고백이요, 헌신의 표시입니다. "나도 이제부터 그리스도를 본받아 주님이 선으로 악을 이기며 사신 것처럼 이 세상과 타협하지 않고 선으로 악을 이기며 살겠습니다"라는 고백입니다.

결혼한 사람들은 삶이 힘들 때 때때로 결혼식 사진을 꺼내어 봅니다. 사실 결혼식을 치르지 않아도 혼인 신고를 하고 같이 살면 부부가 되는데 왜 굳이 많은 사람을 초대해서 결혼식을 할까요? 결혼식의 의미는 헌신과 서약입니다. 결혼식이 중요한 이유는 처음의 결심이 흔들릴 수 있으므로 친지들과 사랑하는 친구들 앞에서 서로 부부가 되어 살겠다는 헌신을 표현하는 것이기 때문입니다.

이것이 침례(세례)의 의미입니다. 침례(세례) 자체에 어떤 능력이 있는 게 아닙니다. 침례(세례)는 "주님! 제가 주님과 함께 장사되어 옛 사람은 죽고 주님과 함께 부활했습니다. 이제부터 주님의 뒤를 따라 선을 행하며 고난을 받을지라도 세상과 타협하지 않고 세상의 물결을 거스르며 살겠습니다"라는 헌신의 표시입니다.

선택은 우리의 몫입니다. 우리는 성경으로 주님의 삶을 보았습니다. 베드로가 말하는 주님의 삶은 간단합니다. 그분은 고난을 통해 우리를 구원하고 악한 자들에게 승리를 선포하며 온 세상의 통치자가 되셨습니다. 교회와 세상을 따로 분리하여 세상에서는 아예 주님을 잊고 이중적인 삶을 살겠습니까? 아니면 고난을 당하고 손해를 보더라도 하나님 말씀을 따라 살겠습니까?

우리가 주님의 뒤를 따라 고난을 받더라도 선으로 악을 이기며 살면 주님이 승리하셨듯 우리도 언젠가는 주님께 상을 받고 승리하게 될 것입니다. 주님의 길을 따라가는 우리가 되기를 기도합니다.

11장

나그네의 삶에서
승리하기 위하여

베드로전서 4:1-6

¹그리스도께서 이미 육체의 고난을 받으셨으니 너희도 같은 마음으로 갑옷을 삼으라 이는 육체의 고난을 받은 자는 죄를 그쳤음이니 ²그 후로는 다시 사람의 정욕을 따르지 않고 하나님의 뜻을 따라 육체의 남은 때를 살게 하려 함이라 ³너희가 음란과 정욕과 술취함과 방탕과 향락과 무법한 우상 숭배를 하여 이방인의 뜻을 따라 행한 것은 지나간 때로 족하도다 ⁴이러므로 너희가 그들과 함께 그런 극한 방탕에 달음질하지 아니하는 것을 그들이 이상히 여겨 비방하나 ⁵그들이 산 자와 죽은 자를 심판하기로 예비하신 이에게 사실대로 고하리라 ⁶이를 위하여 죽은 자들에게도 복음이 전파되었으니 이는 육체로는 사람으로 심판을 받으나 영으로는 하나님을 따라 살게 하려 함이라.

고향을 떠나 낯선 곳에 정착하여 살아본 경험이 있습니까? 요즘은 글

로벌 빌리지(Global Village)라는 말로 이 지구를 한 마을이라고 표현하지만 다른 나라에서 정착하여 사는 것은 매우 어려운 일입니다. 요즘 세상에서도 이 일이 쉽지 않은데 초기 이민자들의 애환을 우리가 감히 짐작이나 할 수 있겠습니까? 언어, 풍습, 생활방식, 사고방식이 다른 곳에서 살아가기란 결코 쉬운 일이 아닙니다.

본문에서 베드로는 믿는 자들을 모두 낯선 곳에서 살아가는 자들이라고 말합니다. 그는 심지어 베드로전서에서 우리를 나그네이자 행인이라고 지칭합니다. 왜 우리가 나그네입니까? 그 이유는 예수님을 믿은 순간 우리는 이 땅이 아닌 천국에 속한 자가 되었기 때문입니다. 또한 그 순간부터 우리는 이 땅의 가치관이 아닌 천국의 가치관으로 살아야 하기 때문입니다.

예수님을 믿는다는 것은 신분과 가치관의 변화가 일어났다는 의미입니다. 우리는 이 세상에 살지만 이 세상에 속한 자들이 아닙니다. 성경은 우리의 시민권이 이 땅이 아닌 하늘에 있다고 말씀합니다. 그러므로 우리는 세상의 방식을 따라 살 수 없습니다. 왜냐하면 우리의 신분이 완전히 바뀌었기 때문입니다. 그래서 우리는 이 땅에서 나그네요 길손이요 이민자입니다.

나그네인 우리가 어떻게 이 땅에서 승리할 수 있을까요? 하나님은 베드로를 통해 우리에게 몇 가지 방법을 말씀해 주십니다.

고난 앞에서 무장하라

하나님은 우리가 고난 앞에서 무장해야 한다고 말씀하십니다.

> "그리스도께서 이미 육체의 고난을 받으셨으니 너희도 같은 마음으로 갑옷을 삼으라"(벧전 4:1).

여기서 "갑옷을 삼으라"는 완전 무장한 로마의 보병을 지칭합니다. 정규 로마 군병은 머리부터 발끝까지 투구와 방패, 갑옷과 신발, 칼과 창으로 완전 무장했습니다. 이 말씀은 영혼을 공격하는 적들에게 대항하기 위해 최대한 무장을 해야 한다는 것입니다. 이것이 나그네인 우리가 이 땅에서 승리하는 방법입니다.

그렇다면 베드로가 말하는 무장은 대체 어떤 것일까요? 베드로는 우리에게 "너희도 같은 마음으로 갑옷을 삼으라"라고 말합니다. 도대체 누구와 같은 마음을 말하는 것입니까? 자세히 살펴보면 우리의 무장을 그리스도의 고난과 연결하고 있음을 알 수 있습니다. 사실 이 말씀 앞에 '그러므로'라는 단어가 있는데 우리말 성경에서는 빠졌습니다. 왜 우리가 마음을 무장해야 할까요? 그 이유는 그리스도가 이미 고난을 받으셨기 때문입니다. 우리는 바로 앞에서 그리스도의 고난에 대해 이미 배웠습니다.

"그리스도께서도 단번에 죄를 위하여 죽으사 의인으로서 불의한 자를 대신하셨으니 이는 우리를 하나님 앞으로 인도하려 하심이라"(벧전 3:18).

"하늘에 오르사 하나님 우편에 계시니 천사들과 권세들과 능력들이 그에게 복종하느니라"(벧전 3:22).

그리스도가 고난을 받음으로 우리가 하나님 앞에 나아갈 수 있기 때문에, 그리스도가 고난을 통해 하나님 우편에 앉으셨기 때문에, 그리스도가 고난을 통과하고 모든 권세를 그분의 발 앞에 복종하게 하셨기 때문에 우리도 고난 앞에서 그리스도처럼 마음을 무장해야 한다는 뜻입니다.

하지만 우리에게 고난은 환영할 만한 것이 아닙니다. 우리 구주 예수님조차도 고난이 힘들고 어려워 이렇게 기도하셨습니다. "아버지여 만일 할 만하시거든 이 잔을 제게서 거두어 주옵소서." 그러나 그분은 마지막에 한 마디를 더 하셨습니다. "그러나 나의 원대로 마옵시고 아버지의 원대로 하옵소서."

주님은 왜 이 땅에서 고난의 길을 걸으셨습니까? 그 이유는 그것이 아버지의 뜻이었기 때문입니다. 그래서 "나의 원대로 마옵시고 아버지의 뜻대로 하옵소서"라고 기도하신 것입니다. 그리고 주님은 마침내 그 고난을 통해 승리하여 우리를 하나님 앞으로 인도하셨습니다.

그러면 이렇게 구원받은 우리를 향한 하나님의 뜻은 무엇일까요? 하나님 아버지의 뜻은 너무나 분명합니다. 우리가 좁은 길을 가는 것입니다. 이 땅에서 우리는 나그네의 삶을 살아야 합니다. 물론 쉬운 일은 아닙니다.

고난을 올바르게 이해하려면 우리는 주님과 같은 마음으로 무장해야 합니다. 날마다 우리 앞서 가신 주님의 고난과 그 고난을 통해 얻으신 영광을 마음에 새기며 우리 마음에 갑옷을 입혀야 합니다. 이 방법이 아니면 고난에서 승리할 수 없고, 이 세상을 거스르며 살 수도 없습니다.

고난은 우리의 삶에서 어떤 역할을 합니까? 고난에는 많은 유익이 있는데 그 가운데 가장 중요한 유익을 베드로는 이렇게 소개합니다.

"이는 육체의 고난을 받은 자는 죄를 그쳤음이니 그 후로는 다시 사람의 정욕을 따르지 않고 하나님의 뜻을 따라 육체의 남은 때를 살게 하려 함이라"(벧전 4:1-2).

베드로는 그리스도가 겪으신 육체의 고난이 침례(세례)를 통해 우리의 고난이 되었다고 말합니다. 육체의 고난을 받은 자는 죄를 그친 것입니다. 우리는 침례(세례)를 통해 그리스도와 연합했습니다. 그리스도가 십자가의 고난으로 죄의 정죄를 끝내셨기 때문에 그와 연합한 우리도 죄와 인연을 끊은 것입니다.

주님이 이 연합의 은혜를 우리에게 주신 이유가 무엇일까요? 주님은 우리가 남은 삶을 육체가 아닌 하나님의 뜻에 따라 살게 하려고 이 놀라운 연합의 은혜를 주신 것입니다. 이것이 구원의 의미입니다. 고난받으신 주님과 연합해 고난이 올 때를 대비하여 마음을 무장하면, 우리도 이 땅에서 승리할 수 있습니다. 세상 물결에 휩쓸리지 않고 하나님의 뜻을 따라 살 수 있습니다. 이것이 고난의 유익입니다. 고난에서 승리하면 우리는 놀라운 일을 할 수 있습니다. 이 땅에서 하나님의 뜻을 행하는 것입니다.

〈결정〉(Decision)이라는 잡지에서 어떤 글을 읽었습니다. 작은 요트를 타고 바다를 항해하던 한 사람이 있었습니다. 그런데 그가 탄 요트가 전복되었습니다. 몇 날 며칠을 구명조끼를 입고 떠다니다가 맨몸으로 무인도에 도착했습니다. 모든 것이 막막했지만 그는 삶의 의지를 불태우며 구조선이 오기를 기다렸습니다. 무인도에서 홀로 생존하기란 결코 쉬운 일이 아니었습니다. 도구 하나 없이 겨우 움막을 지었습니다. 나무와 나무를 계속 비벼서 불을 피웠습니다. 그러던 어느 날, 먹을 것을 구하기 위해 다른 지역에 갔다가 돌아와보니 도구 하나 없이 겨우 지은 움막이 불에 타고 있었습니다. 그는 너무도 절망한 나머지, 하나님을 원망하며 무기력하게 드러누웠습니다. 그런데 잠시 후, 구조선이 섬에 도착했습니다. 그 구조선의 선장은 그에게 이렇게 말했습니다. "당신이 피운 연기를 보고 이곳에 왔습니다."

우리가 고난을 통해 얻는 유익도 이와 비슷합니다. 우리가 겪는 고난은 의미가 있고 유익이 있습니다. 세상에서 승리하기 원합니까? 그렇다면 고난 앞에서 마음을 무장하기 바랍니다. 고난에 지지 마십시오. 그리스도인에게 고난은 끝이 아닙니다. 의를 위한 고난은 우리를 거룩하게 하고, 반드시 우리에게 영광이 됩니다. 이것을 믿으며 철저하게 마음을 무장하기 바랍니다.

떠나온 곳을 기억하라

하나님은 나그네인 우리에게 떠나온 곳을 기억하라고 말씀합니다. 우리의 삶은 BC(Before Christ, 주전)와 AD(Anno Domini, 주후)로 구분할 수 있습니다. 즉 예수를 믿기 전과 믿은 후로 나눌 수 있습니다. 우리는 우리의 BC를 기억해야 합니다.

성경은 구원받은 후 우리의 신분이 바뀐 것을 말하려고 종종 구원받기 전 우리가 살았던 삶의 현장을 구체적으로 설명합니다. 에베소서 2장에서 바울은 "그때에"라는 단어를 빈번하게 사용합니다. "그때에 너희가"라는 말은 당시 우리의 처참한 형편을 설명합니다. 우리의 BC이자 구원받기 전의 삶은 허물과 죄로 죽어 있는 삶이었습니다. 산송장과 같은 삶이었던 것입니다. 허물과 죄로 죽어 있었으며, 이 세상 풍조와 사탄을 따라 육체의 욕심에 이끌려 마음대로 살았기 때문에 하나님 보시기에 진노의 대상이었습니다.

베드로 또한 본문에서 같은 맥락으로 구원받기 전 우리의 형편을 서술합니다. 서술 목적은 우리에게 수치심을 주려는 것이 아니라 구원받은 우리가 떠나온 삶을 바라봄으로, 다시는 그 삶 주위에서 배회하지 않게 하기 위함입니다. 베드로의 서술은 훨씬 더 구체적입니다. 성공한 어떤 사람들은 마음이 느슨해지는 것을 막으려고 의도적으로 가난한 시절을 떠올릴 수 있는 초가집을 화려한 저택 안에 지어놓기도 한다고 합니다.

이렇듯 과거를 잘 사용하면 현재의 삶에 도움을 얻을 수 있습니다. 이것이 바로 베드로가 사용한 방법입니다. 그는 지금 우리에게 구원받기 전의 삶, 단절하고 떠나온 과거의 삶이 어떠했는가를 다시 설명하는 것입니다. 그때 우리의 삶이 얼마나 형편없었는지를 떠올리게 합니다.

"너희가 음란과 정욕과 술 취함과 방탕과 향락과 무법한 우상숭배를 하여 이방인의 뜻을 따라 행한 것은 지나간 때로 족하도다"(벧전 4:3).

음란은 품위를 손상시키는 행위입니다. 정욕은 성적인 것은 물론 모든 탐심을 일컫는 말입니다. 술 취함, 방탕, 향락, 무절제한 낭비에서부터 방종한 성적 생활에 이르기까지 모든 쾌락 지향적 삶을 뜻합니다. 무법한 우상숭배는 어떤 의미입니까? 자신의 이익을 위해서라면 어떤 대상이든 상관없이 섬기며 그것에 영혼을 파는 것입니다. 사용한 단어가 너무 강해서 자칫 이 모든 삶이 나와는 무관하다고 생각할 수도 있지만 그것은 착각입니다. 이것이 바로 구원받기 전 우리의 삶이었습니다.

세상 철학은 이런 생각들을 내포합니다. 구원받기 전 우리 삶의 가치관이 바로 이것이었습니다. 더 많은 쾌락과 이익을 추구하는 삶이었습니다. 그런데 성경은 우리가 이러한 삶에서 구조되었다고 말씀합니다. 이것이 우리가 받은 구원의 의미입니다. 구원은 죽어 천국에 가는 것만이 아닙니다. 구원은 구원받은 즉시 이 땅에서 우리가 누리는 현재의 삶을 포함하며, 이것이 진정한 구원의 의미입니다.

본문에서 베드로가 말하고자 하는 바는 간단하지만 매우 강력합니다. "너희가 이러한 삶에서 벗어났는데, 어찌 다시 그 삶으로 돌아갈 수 있겠는가?" 하는 것입니다. 우리는 구원받기 전에 몸 담았던 삶이 얼마나 처참한지 잘 압니다. 그래서 결코 과거로 돌아갈 수 없는 것입니다.

그러나 우리가 구원받고 과거의 삶에서 떠나려 할 때 고난이 닥쳐옵니다. 베드로는 그 가운데 제일 심한 고난을 이렇게 말합니다.

> "이러므로 너희가 그들과 함께 그런 극한 방탕에 달음질하지 아니하는 것을 그들이 이상히 여겨 비방하나"(벧전 4:4).

구원에 합당한 삶을 살기 위한 우리의 노력은 불신자들을 언짢게 할 수 있습니다. 어쩌면 우리가 속한 환경에서 우리는 주목의 대상이 될 것입니다. 티내고 내색하지 않아도 예수를 믿으면 사람들이 주목하기 시작합니다. 그 이유는 우리가 달라졌기 때문입니다. 변화가 없는 구원은 가짜입니다. 정말 구원받았으면 변화가 있을 수밖에 없습니다. 구원받은 사람은 쾌락이 아닌 하나님의 뜻에 관심을 둡니다. 경건하지 못한 삶으로 달려가는 문을 닫아버립니다. 그 변화를 알아차린 불신자들은 우리를 조롱합니다. "어떻게 된 거야? 너 정말 이상해졌어. 예수를 꼭 그렇게 믿어야 해?" "교회는 교회고 회사는 회사지 뭘 그렇게 빡빡하게 예수를 믿어?" 어쩌면 회사에서 승진에 불리한 상황에 직면할 수도 있습니다. 그리스도께 더 가까이 간다는 이유로 세상 친구들을 잃을 수도 있습니다. 그러나 낙심하지 마십시오. 당신이 이상한 행동을 해서가 아니라 참된 신앙생활을 해서 주위의 눈총을 받는다면, 그것은 당신이 올바른 길을 가고 있다는 증거이기 때문입니다.

우리는 옛 삶에서 떠나온 사람들입니다. 우리는 BC에서 AD로 건너온 사람들입니다. 이제 더는 이 땅의 주민이 아니라 나그네입니다. 앞서 예수님이 그 길을 가셨음을 기억해야 합니다. 또한 그분이 그 고난을 통해 승리하셨다는 것도 기억해야 합니다.

소망이 현재를 주관하게 하라

하나님은 소망이 현재를 주관하게 하라고 말씀합니다.

> "그들이 산 자와 죽은 자를 심판하기로 예비하신 이에게 사실대로 고하리라 이를 위하여 죽은 자들에게도 복음이 전파되었으니 이는 육체로는 사람으로 심판을 받으나 영으로는 하나님을 따라 살게 하려 함이라"(벧전 4:5-6).

앞에서 죽은 자들에게도 복음이 전파되었다는 말씀을 살펴본 것처럼 주님이 옥에서 선포하신 것과 본문을 연관 짓기도 하는데, 이 구절은 그런 의미가 아닙니다. 베드로는 나그네 된 우리로 하여금 마지막 날에 있을 주의 심판을 상기하게 하는 것입니다.

우리의 믿음을 조롱하고 비방하는 자들은 마지막 날 직접 주님께 심판을 당할 것입니다. 그들에게도 복음이 전해졌지만 그들은 복음을 거절했습니다. 6절은 해석이 어려워 보이지만 의미는 간단합니다. 베드로는 5절과 6절을 대조합니다. 세상을 따라 사는 사람들은 심판에 이릅니다. 그러나 복음을 받은 우리의 육체는 불신자들처럼 죽지만, 우리의 영은 하나님과 동행하여 살도록 은혜를 받았습니다.

이 땅에서 그리스도인으로 바르게 살아가는 것은 어렵습니다. 그러나 우리가 이미 고난받으신 주님을 기억하여 마음을 무장하고 장차 다가올 그분의 공정한 심판을 소망한다면, 우리는 이 땅에서 육체가 아닌 하나님의 뜻을 따라 살 수 있습니다.

힘들고 어려울 때 우리는 더욱 이 소망을 붙들어야 합니다. 이 땅의 삶이 끝이 아닙니다. 배 멀미를 할 때, 파도를 보지 않고 하늘을 보면 멀미가 가라앉습니다. 이처럼 우리가 자꾸 세상의 파도를 보면 멀미를 하지만, 눈을 들어 천국을 소망하면 승리할 수 있습니다.

우리가 소망의 눈을 뜨면 이 땅의 어떤 어려움도 이길 수 있습니다. 저는 자녀를 먼저 떠나보내고 그 앞에서 통곡하다가 천국의 소망을 확실히 붙들고 심령이 살아나, 힘차게 살아가는 믿음의 성도를 많이 보았습니다. 어떤 어려움도 우리를 무너뜨릴 수 없습니다. 그 이유는 주님이 고난을 통해 승리하셨기 때문입니다. 고난 뒤에는 승리가 기다리고 있음을 믿으십시오. 소망으로 세상을 이기며 살아가기를 축복합니다.

12장

소망을 가진 자가
집중해야 할 일

베드로전서 4:7-11

⁷만물의 마지막이 가까이 왔으니 그러므로 너희는 정신을 차리고 근신하여 기도하라 ⁸무엇보다도 뜨겁게 서로 사랑할지니 사랑은 허다한 죄를 덮느니라 ⁹서로 대접하기를 원망 없이 하고 ¹⁰각각 은사를 받은 대로 하나님의 여러 가지 은혜를 맡은 선한 청지기 같이 서로 봉사하라 ¹¹만일 누가 말하려면 하나님의 말씀을 하는 것 같이 하고 누가 봉사하려면 하나님이 공급하시는 힘으로 하는 것 같이 하라 이는 범사에 예수 그리스도로 말미암아 하나님이 영광을 받으시게 하려 함이니 그에게 영광과 권능이 세세에 무궁하도록 있느니라 아멘.

애플(APPLE)이라는 기업을 설립한 스티브 잡스(Steve Jobs)가 생전에 늘 강조한 특성이 있습니다. 그것은 바로 단순성입니다. 애플의 모든 제품을 보면 참 단순합니다. 복잡하지 않습니다. 애플의 대표적인 제품인 아이폰은 정말 단순합니다. 그래서 아이들도 설명서 없이 바로 사용할 수 있습니다.

우리는 단순하면 가치가 없다고 생각하지만 사실 그렇지 않습니다. 단순함에는 매우 위대한 힘이 있습니다. 복잡한 인생과 단순한 인생 가운데 어느 인생이 위대한 힘을 발휘할까요? 바로 단순한 인생입니다. 생의 목적이 단순하면 집중력이 생기고 목적을 이루기 쉽습니다. 삶을 단순하게 하면 짐이 훨씬 가볍습니다. 여러 일에 신경 쓰기보다 몇 가지에 에너지를 집중하면 삶의 열매가 훨씬 풍성해집니다. 단순함에는 힘이 있습니다.

그렇다면 우리는 어떻게 우리 인생을 단순하게 할 수 있을까요? 여러 방법이 있겠지만 좋은 방법 가운데 하나는 바로 위기 의식, 즉 긴급 의식을 갖는 것입니다. 위기는 우리를 단순하게 합니다.

예를 들어 오랫동안 음식을 먹지 않으면 사람이 매우 단순해집니다. 복잡한 문제가 떠나갑니다. 오직 음식만 보입니다. 다른 모든 고민은 더 이상 고민이 아닙니다. 음식만 있으면 됩니다. 이보다 더 심각한 예로 병원에 갔는데 암에 걸려 3개월밖에 못 산다는 선고를 받았다면 그때부터 삶이 매우 단순해질 것입니다. 시한부 선고를 받고도 복잡하고 자질구레한 삶의 문제를 잔뜩 끌어안고 사는 사람이 있을까요? 아무도 없습니다. 3개월밖에 남지 않은 삶을 정리해야 할 것입니다. 이렇듯 위기가 삶을 단순하게 합니다. 그런데 놀랍게도 이것이 바로 성경이 사용하는 방법입니다. 우리가 읽은 본문에도 그 방법이 등장합니다.

"만물의 마지막이 가까이 왔으니 그러므로 너희는 정신을 차리고"(벧전 4:7).

성경을 읽어보면 두드러진 특징 하나가 있습니다. 성경은 언제나 주님의 다시 오심과 말세를 강조합니다. 본문을 포함해 말세에 관한 말씀을 읽으면 의문이 생깁니다. 이천 년 전에도 말세라고 하더니, 도대체 왜 이천 년이 지난 지금까지도 예수님은 오시지 않는 것입니까? 혹시 베드로를 포함한 성경 저자들이 예수님이 오실 시기를 헛짚은 것은 아닐까요? 우리는 성경의 때와 임박함에 대한 교훈을 올바르게 이해해야 합니다.

물론 성경의 때는 영원한 시간 속에 계신 하나님의 때이기에 성경이 말하는 임박함을 하루살이처럼 겨우 일백 년도 살지 못하는 우리가 측정할 수 없을 것입니다. 그러나 우리가 알아야 할 또 한 가지 중요한 사실은 성경에 나타난 "마지막이 가까이 왔다", "주님이 곧 오신다"라는 말들은 정확한 시기를 의미하는 게 아니라는 것입니다. 이는 예수님이 예기치 못한 순간에 급작스럽게 오신다는 말씀입니다. 그래서 성경은 주님의 다시 오심을 도둑에 비유하기도 합니다.

> "너희도 아는 바니 집 주인이 만일 도둑이 어느 때에 이를 줄 알았더라면 그 집을 뚫지 못하게 하였으리라 그러므로 너희도 준비하고 있으라 생각하지 않은 때에 인자가 오리라 하시니라"(눅 12:39-40).

도둑이 언제 올지 알면 얼마나 좋겠습니까? 그러나 도둑의 가장 큰 특징은 언제 올지 모른다는 것입니다. 이것이 성경이 말하는 임박함의 의미입니다.

> "만물의 마지막이 가까이 왔으니 그러므로 너희는 정신을 차리고"(벧전 4:7).

베드로는 그리스도인들이 지녀야 할 삶의 태도를 말합니다. 우리는 그리스도의 재림과 최후의 심판이 다음 달에, 다음 주에 오실 것 같은 삶의 태도로 살아야 합니다. 그리스도인은 만물의 마지막이 언제 올지 모르는 긴박함 가운데 살아야 합니다. 이렇게 긴박함을 염두에 두고 살면 삶은 아주 단순해질 것입니다. 그렇다면 우리의 삶을 어디에 집중해야 할까요? 베드로는 우리가 집중해야 할 네 가지를 소개합니다.

정신을 차리고 근신하여 기도하라

첫 번째는 정신을 차리고 근신하여 기도하라는 것입니다. 우리는 모두 기도를 합니다. 그런데 왜 베드로는 정신을 차리고 근신하라는 말을 덧붙였을까요? 기도를 하기는 하는데 집중하지 못하고 대충하는 사람들이 많기 때문일까요? 베드로가 기도하라는 명령과 더불어, 정신을 차리고 근신하라고 명령한 것에는 이유가 있습니다. 사실 정신을 차리고 근신하라는 말은 문법적으로는 기도하라는 명령을 수식하지만, 내용적으로는 오히려 독립적입니다. 정신을 차리고 근신하라는 말은 우리가 해야 할 기도가 무엇인지 설명합니다.

정말 열심히 기도하지만 하나님과 아무런 상관없는 기도를 하는 사람들이 너무나 많습니다. 기도는 열심히 하는 것보다 바르게 하는 것이 더 중요합니다. 그렇다면 기도가 무엇일까요? 기도는 쉽게 표현하면 하나님과의 소통이며 하나님과의 진정한 대화입니다. 하나님께 자신의 마음을 진실하게 아뢰고 그분이 하시는 말씀에 귀 기울이는 것입니다.

이렇게 기도하면 처음 기도를 시작할 때 가졌던 마음과 생각이 변합니다. 이것이 진정한 대화입니다. 누군가와 진정으로 마음을 열고 대화한다고 생각해보십시오. 그러면 어떻게 될까요? 어떨 때는 대화를 통해 자신의 생각이 잘못되었음을 알고 고칩니다. 대화를 하다보면 자신의 주장이 틀렸음을 발견할 때가 많은 것입니다. 그래서 진정한 대화는 상대를 더 깊이 알게 하고 더 깊이 사랑하게 합니다. 그리고 고민하는 부분에 큰 도움을 얻게 합니다. 이것이 바로 성경이 말하는 기도입니다.

우리가 기도할 때 정신을 차리고 근신해야 하는 이유는 우리가 잘못된 기도를 하기 쉽기 때문입니다. 간절히 기도는 하는데 하나님의 마음을 전혀 알지 못합니다. 아예 하나님의 마음이나 말씀에는 관심도 없습니다. 그저 자신이 원하는 것을 달라고 떼를 씁니다. 관심은 여전히 세상적이고 자기중심적입니다. 이것은 다른 종교의 기복적인 기도입니다. 이러한 기도는 아무리 열심히 해도 소용이 없습니다. 그래서 우리는 기도할 때 정신을 차리고 근신해야 합니다.

사실 기도의 핵심은 경건한 생각입니다. 다시 말해, 하나님의 마음을 깊이 이해하고 하나님의 생각으로 마음을 가득 채우는 것입니다. 이것이 바로 기도입니다. 이러한 기도는 우리를 바꿉니다. 그래서 정말 기도하는 사람은 날마다 변화됩니다. 기도의 사람은 신중하게 말하고 정확하게 판단합니다. 마음은 바다처럼 점점 넓어집니다. 올바르게 기도한다면 이것이 당연하지 않겠습니까?

이 세상의 어떤 교사나 철학자보다 더 위대하신 하나님과 깊이 대화하는데 바뀌지 않을 사람은 없습니다. 그렇지만 오늘날 한국 교회에 기도를 많이 해서 은사를 받았다고 말하는 사람들을 보십시오. 그들은 자신이 능력을 행한다고 외칩니다. 요한계시록에는 적그리스도가 마지막 날에 기도하여 하늘에서 불을 떨어뜨려 바닥에 구멍을 뚫는 기적을 일으킨다는 말씀이 있습니다. 그러나 그는 신유를 통해 다른 사람의 영혼을 사로잡을 뿐입니다.

참된 기도를 결정하는 기준은 얼마나 능력을 행했는가가 아니라 얼마나 진실하게 하나님과 소통했는가 하는 것입니다. 하나님과 진실하게 소통하는 사람의 기도는 100퍼센트 응답받습니다. 어떻게 이것이 가능합니까? 처음에는 자신의 뜻으로 기도했다가 하나님과 대화하며 생각을 조율하기 때문입니다. 이것이 바로 의인이 드리는 기도이며 응답을 받는 기도입니다. 이렇게 기도하는 사람들은 그 일을 이루기 위해 하나님께 넉넉한 힘을 공급받습니다.

걱정이 많습니까? 삶이 불안하고 마음이 복잡합니까? 그렇다면 방향이 잘못된 것입니다. 우리는 아무것도 염려하지 말고 오직 모든 일에 기도와 간구로 구할 것을 감사함으로 하나님께 아뢰야 합니다. 그리하면 하나님의 평강이 우리를 주장할 것이라고 성경은 약속합니다. 이 약속을 소망하는 기도의 사람이 되기를 바랍니다.

뜨겁게 사랑하라

두 번째는 뜨겁게 사랑하라는 것입니다.

"무엇보다도 뜨겁게 서로 사랑할지니 사랑은 허다한 죄를 덮느니라"(벧전 4:8).

100미터 달리기 경주를 보면 마지막 결승점에서 느긋하게 들어오는 선수는 아무도 없습니다. 어떤 선수는 가슴이나 이마를 내밉니다. 쇼트트랙 선수도 내내 열심히 달리고 마지막에 스케이트의 날을 최대한 결승점에 밀어 넣습니다. 그게 과연 효과가 있을지 의구심이 들지만 0.001초라도 스케이드 날을 먼저 결승점으로 밀어 넣으면 이기기 때문에 그렇게 하는 것입니다. 단 몇 밀리미터라도 앞선 사람이 승리하기 때문입니다. 본문의 "뜨겁게"라는 단어는 바로 이러한 태도를 표현합니다.

이 말은 운동선수들이 이기기 위해 자신의 모든 힘을 온전히 모아 집중하듯이 우리도 그러한 자세로 서로 사랑해야 한다는 것입니다. 예수님을 믿는 자들의 삶은 단순합니다. 그저 기도하고 사랑하는 것입니다. 그런데 대충 사랑해서는 안 된다는 것입니다. 그런 사랑은 세상 사람도 다 하는 것입니다.

다른 사람은 열심히 뛰는데 딴짓을 하며 대충 뛰는 사람이 있다고 가정해 봅시다. 그러면 얼마나 관중의 야유와 미움을 받겠습니까? 그런데 사랑을 할 때도 이렇게 대충하는 사람이 있다는 것입니다. 하나님이 사랑하라고 했으니 사랑하는 척은 하는데, 조금이라도 힘들거나 상처를 받으면 자존심을 지키려고 사랑하기를 포기합니다.

베드로는 뜨겁게 사랑하라고 명령하며 사랑은 허다한 죄를 덮는다는 말을 덧붙입니다. 이것은 사랑의 특성을 설명하는 것입니다. 사랑하는 자가 반드시 넘어야 할 산이 하나 있는데 그것은 바로 용서라는 산입니다. C. S. 루이스

(C.S. Lewis)는 "사랑은 상처받는 것이다"라는 말을 했습니다. 누군가를 사랑하면 반드시 상처를 받게 되어 있습니다. 교회에 나와 예배만 드리고 왔다 갔다 하면, 상처받을 일이 없습니다. 사람이 아닌 개를 키우면, 상처받을 일이 없습니다. 그런데 교회에 깊이 들어와 함께 일을 하다보면 상처를 받을 수밖에 없습니다. 그럼에도 하나님은 그렇게 하라고 하십니다. 그렇게 할 때 우리의 사랑이 커지고 기도하게 되기 때문입니다. 누군가를 사랑하고 싶은데 잘 되지 않을 때 우리는 하나님의 도움을 구하며 기도합니다.

우리는 하나님께 어떤 사랑을 받았습니까? 극진한 사랑을 받았습니다. 하나님은 우리의 허물에도 불구하고 우리를 극진히 사랑하셨습니다. 우리에게는 모두 연약함과 허물이 있습니다. 그렇기 때문에 우리는 더 열심히 사랑해야 합니다. 운동선수가 최선을 다해 경기에 임하듯 최선을 다해 사랑해야 합니다. 최선을 다해 사랑하면 어떤 일이 벌어질까요? 상대방의 허물이 덮입니다. 우리가 평생 이러한 사랑을 할 수 있기를 기도합니다.

열심히 서로 대접하라

세 번째는 열심히 서로 대접하라는 것입니다.

> "서로 대접하기를 원망 없이 하고"(벧전 4:9).

기도하고 사랑하라는 것이 매우 큰 계명이라는 것은 알겠는데, 대접하는 것이 그 정도로 중요한가에 의구심을 가질 수도 있습니다. 그러나 성경은 대접하는 것을 매우 강조합니다. 마태복음 7장 12절은 '황금률'이라고 널리 알려졌습니다.

"그러므로 무엇이든지 남에게 대접을 받고자 하는 대로 너희도 남을 대접하라 이것이 율법이요 선지자니라."

성경의 모든 교훈은 한 마디로 요약하면 대접하는 것입니다. 그래서 신학자들은 이 구절을 황금률이라고 지칭했습니다. 이것은 예수님이 직접 하신 말씀입니다. 바울은 로마서에서 모든 구원의 교리를 설명한 뒤, 구원받은 자가 마땅히 걸어야 할 삶의 길을 이렇게 설명합니다.

"성도들의 쓸 것을 공급하며 손 대접하기를 힘쓰라"(롬 12:13).

특히 요즘처럼 개인주의적인 삶을 사는 현대인들은 이 말씀에 귀를 기울여야 합니다. 누군가를 집에 초대하여 대접하는 것은 결코 쉬운 일이 아닙니다. 그러나 우리는 그렇게 살아야 합니다. 이것이 하나님의 명령입니다. 우리에게 주어진 삶의 긴급함을 안다면 우리는 힘써 대접해야 합니다. 당신은 얼마나 대접에 힘쓰고 있습니까? 최근에 누군가를 집에 초대한 적이 있습니까? 올해 몇 번이나 힘들고 어려운 사람들을 식사에 초대하여 그들을 격려했습니까? 단 한 번도 누군가를 집에 초대하지 않았다면 황금률을 어긴 것입니다.

본문에서 베드로는 대접하라고 하면서 한 가지 말을 덧붙입니다. "대접하되 원망 없이 하라." 대접하지 않는 것도 문제지만, 대접하고 나서 원망의 마음을 품는 것은 더 큰 문제라는 말씀입니다. 대접을 해야 할 위치라서 대접을 하기는 하지만 대접을 한 뒤에 원망의 마음을 가지면 헛수고라는 것입니다.

우리는 무엇을 바라보며 대접해야 합니까? 주님은 양과 염소의 비유 가운데 양의 무리를 칭찬하고 상을 주십니다. "주님, 어째서 저희에게 이렇게 상을 주십니까?"라고 묻자 주님은 이렇게 말씀하셨습니다. "너희는 내가 배고플 때 음식을 주었고, 내가 헐벗을 때 옷을 주었고, 목마를 때 물을 주었노라."

그러자 양의 무리가 다시 묻습니다. "주님, 우리는 주님을 만난 적도 없는데 우리가 언제 주님을 그렇게 대접했습니까?" 그러자 주님이 다시 말씀하셨습니다. "이 작은 자에게 한 것이 곧 내게 한 것이니라."

세상의 문화가 개인주의로 변하더라도 대접하는 삶을 살기 바랍니다. 집을 개방하십시오. 저는 아내에게 두고두고 감사한 것이 있습니다. 신학교 시절 저희 가정의 형편이 가장 어려웠을 때, 유독 저희 집에 찾아오는 사람이 가장 많았습니다. 집에 라면밖에 줄 것이 없어도 언제나 사람들이 늦은 시간까지 머물렀습니다. 누군가를 몇 달씩 데리고 산 경우도 있었습니다.

저희 가정이 이렇게 한 이유는 단 하나입니다. 성경을 읽다가 대접하는 것이 얼마나 소중한 명령인지 깨달았기 때문입니다. "이 작은 자에게 한 것이 내게 한 것이니라"라는 예수님의 말씀을 기억하십시오. 우리가 이웃을 대접하지 않으면 어떻게 주님을 대접할 수 있겠습니까? 주님은 몸이 없으신데 말입니다. 그리고 집에 사람을 초대할 때는 소박하게 할 것을 당부합니다. 혹시 경제적 여유가 있어서 음식을 잔뜩 차려놓으면 경제적 여유가 없는 사람은 한 번도 대접할 기회를 얻지 못합니다. 다른 사람을 생각하고 배려하는 것도 중요합니다.

각각 은사에 따라 봉사하라

마지막 네 번째는 각각 은사에 따라 봉사하라는 것입니다.

> "각각 은사를 받은 대로 하나님의 여러 가지 은혜를 맡은 선한 청지기 같이 서로 봉사하라"(벧전 4:10).

모든 구원받은 사람에게는 적어도 하나 이상의 은사가 있습니다. 왜냐하면 주님이 구원받은 모든 사람에게 은사를 주시기 때문입니다. 이 은사는 타고난 재능일 수도 있고, 계발된 것일 수도 있습니다. 성경은 구원받은 모든 자에게 그리스도의 몸인 교회, 다시 말해 다른 사람을 섬기도록 은사를 주신다고 말씀합니다.

이 은사를 발견하는 가장 좋은 방법은 여러 가지 봉사를 해보는 것입니다. 저는 교회에서 안 해본 게 없습니다. 관리 역할부터 화장실 청소, 주일학교 교사, 성가대 지휘 등 다양하게 해보았습니다. 만일 그렇게 하지 않았다면 저는 영원히 이 자리에 서지 못했을 것입니다. 왜냐하면 저는 태생적으로 내성적이고 수줍음이 많기 때문입니다. 저는 예전에는 사람 앞에 서는 게 너무 두려웠습니다. 그런 제가 주일학교 교사로 여름성경학교를 섬기게 되었는데, 동화 구연을 할 사람이 없어서 막내인 제가 그 역할을 하게 되었습니다. 하나님이 이때 제 마음의 스위치를 바꾸신 것 같습니다. 동화 구연을 하는데 전혀 두렵지 않았습니다. 제가 했던 동화 구연이 큰 호응을 얻어서 이웃 교회 아이들까지 들으러 올 정도였습니다. 그때 저는 제게 소통의 은사가 있음을 발견하게 되었습니다.

하나님이 구원을 받은 우리에게 반드시 하나 이상의 은사를 주셨음을 기억하십시오. 그러나 은사는 저절로 발견되는 것이 아닙니다. 섬김의 자리에서 발견할 수 있고 계발할 수 있습니다. 우리는 달란트의 비유를 잘 압니다. 우리의 은사는 사용할 때 더 성장합니다. 그러므로 다양한 분야에서 열심히 섬기기 바랍니다.

내년에 주님이 오신다면 어떻게 살아야 할까요? 바로 다음 달에 주님이 오신다면 어떻게 살아야 할까요? 주님이 오실 때를 안다면 우리 삶은 단순해질 것입니다. 마지막 때에 집을 못 사서, 돈을 많이 벌지 못해서 한탄할 사람은 없을 것입니다. 그러므로 기도하기 바랍니다. 사랑하기 바랍니다. 대접하기 바랍니다. 봉사하기 바랍니다. 이처럼 단순한 계명 앞에 우리의 삶을 드려 풍성한 열매를 맺게 되기를 소망합니다.

13장

고통의 선물

베드로전서 4:12-19

[12]사랑하는 자들아 너희를 연단하려고 오는 불 시험을 이상한 일 당하는 것 같이 이상히 여기지 말고 [13]오히려 너희가 그리스도의 고난에 참여하는 것으로 즐거워하라 이는 그의 영광을 나타내실 때에 너희로 즐거워하고 기뻐하게 하려 함이라 [14]너희가 그리스도의 이름으로 치욕을 당하면 복 있는 자로다 영광의 영 곧 하나님의 영이 너희 위에 계심이라 [15]너희 중에 누구든지 살인이나 도둑질이나 악행이나 남의 일을 간섭하는 자로 고난을 받지 말려니와 [16]만일 그리스도인으로 고난을 받으면 부끄러워하지 말고 도리어 그 이름으로 하나님께 영광을 돌리라 [17]하나님의 집에서 심판을 시작할 때가 되었나니 만일 우리에게 먼저 하면 하나님의 복음을 순종하지 아니하는 자들의 그 마지막은 어떠하며 [18]또 의인이 겨우 구원을 받으면 경건하지 아니한 자와 죄인은 어디에 서리요 [19]그러므로 하나님의 뜻대로 고난을 받는 자들은 또한 선을 행하는 가운데에 그 영혼을 미쁘신 창조주께 의탁할지어다.

인생에서 가장 보편적인 것이 고통입니다. 고통은 우리의 일상 아래에서 늘 용암처럼 흐릅니다. 그러다 시도 때도 없이 불쑥 솟아나와 우리의 삶을 온통 뒤흔들어 놓습니다. 저는 목회 현장에서 언제나 이 용암들을 봅니다.

어느 날 우연히 찍은 엑스레이 사진 하나로 인생이 송두리째 바뀐 사람들, 열심히 헌신하기 위해 사역 현장에 왔는데 생각지도 않은 관계의 아픔으로 신음하는 사람들, 갑작스러운 사고로 사랑하는 사람을 잃고 눈물 흘리는 사람들의 고통을 바라보는 것은 목회자인 제게도 커다란 아픔입니다.

고통은 결코 추상적인 것이 아닙니다. 고통보다 더 개인적이고 절박한 것은 없습니다. 그래서 고통을 어떻게 다룰 것인가 하는 문제는 인생에서 가장 중요합니다. 왜냐하면 우리가 고통에 대해 어떤 태도를 갖는가에 따라 실제로 고통이 닥쳤을 때 그것이 우리에게 어떤 영향을 끼칠지 결정되기 때문입니다. 성경이 고통에 대해 반복해서 가르치는 이유가 이 때문입니다.

본문에도 고통에 대한 가르침이 다시 등장합니다. 삶의 현장에서 수많은 고통의 용암에 둘러싸여 본 베드로는 고통을 어떻게 다루어야 할지 자신의 경험을 토대로 우리에게 말합니다. 피할 수 없는 이 고통을 어떻게 다루어야 할지 하나님은 베드로를 통해 우리에게 말씀합니다.

이상히 여기지 말라

우리는 그리스도인으로서 고통에 대해 이상히 여기지 말아야 합니다. 이 말씀을 가슴에 새기십시오. 고통이 찾아올 때 이상히 여기지 말기 바랍니다.

"사랑하는 자들아 너희를 연단하려고 오는 불 시험을 이상한 일 당하는 것 같이 이상히 여기지 말고"(벧전 4:12).

이 본문에 '불 시험'은 헬라어로는 한 단어인데 불 같은 고통을 뜻합니다. 베드로는 이 단어에 정관사를 붙여, 자신이 사용한 이 단어가 베드로전서를 받는 수신자들의 특별한 고통을 의미함을 드러냅니다. 이 편지를 받는 초대교회 성도는 아주 독특한 고통을 당하고 있었습니다.

그들은 잘못된 장소에 있다가 우연히 고난에 휘말린 것이 아니었습니다. 자신의 죄로 인해 당연한 고통을 받는 것도 아니었습니다. 그들은 단지 예수님을 믿는다는 이유 하나만으로 고향에서 쫓겨나 먼 타향에 살았고, 타향에서도 늘 믿음을 포기하라는 압력을 받았습니다. 그들은 믿음을 지키려고 생업을 포기해야 했고, 때로는 목숨까지 내놓아야만 했습니다. 이렇게 혹독한 고난을 당하고 있는 자들에게 베드로는 고통에 어떻게 반응해야 할지 가르친 것입니다.

그는 고통을 이상히 여기지 말라고 권면합니다. 고난에 대해 이상히 여기지 말아야 할 이유가 무엇일까요? 그 이유는 우리에게 불 같은 고난이 찾아올 때, 마음에 의문과 강한 거부감도 함께 찾아오기 때문입니다.

고난을 당하면 이런 의문이 생깁니다. '어떻게 내게 이런 일이 일어날 수 있지?' 이는 상황을 쉽게 용납하거나 믿을 수 없다는 반응입니다. 하나님이 왜 이런 일에서 나를 지키지 않으시는지 이해할 수 없습니다. 이러한 의문은 신앙생활을 성실하게 한 사람에게 더 많이 찾아옵니다. '내가 하나님 앞에서 충성을 다했는데 어떻게 우리 가정에 이런 어려움이 찾아올 수 있지? 하나님이 나에게 어떻게 이러실 수 있어?'라고 생각합니다.

고난이 찾아올 때 우리는 일단 놀랍니다. 베드로는 고난을 경험했기 때문에 우리 마음을 잘 압니다. 그래서 그는 이렇게 말합니다.

> "사랑하는 자들아 너희를 연단하려고 오는 불 시험을 이상히 여기지 말라"
> (벧전 4:12).

그는 사랑하는 자들에게 편지를 썼습니다. 그들은 놀라운 믿음을 가진 헌신된 자들이었습니다. 그런 그들에게 베드로는 믿음이 신실한 자들에게 반드시 불 시험이 온다고 단정적으로 말합니다. 그래서 그는 당연하고 꼭 와야 할 것이 왔기 때문에 그 불과 같은 고통을 이상히 여기지 말라고 말합니다. 마음에 의문을 품지 말라는 것입니다.

어떻게 이것이 가능합니까? 하늘이 내려앉고 땅이 갈라지는 것 같은 불 같은 고통 속에서 어떻게 의문을 품지 않을 수 있습니까? 베드로는 한 가지를 명확하게 지적합니다. 하나님은 신자에게 하나의 목적을 가지고 고난을 주신다는 것입니다. 그것은 바로 우리를 연단하는 것입니다.

세상에 시험을 좋아하는 학생은 단 한 명도 없습니다. 아이나 어른이나 마찬가지입니다. 나이가 지긋한 목회자들도 강의는 좋아하지만 시험은 싫어합니다. 그러나 모든 학생은 반드시 시험을 보게 되어 있습니다. 그 이유는 그들의 실력을 향상시키기 위함입니다. 좋은 스승은 제자를 괴롭히려는 목적이 아니라 제자의 실력을 향상시키려는 목적으로 시험을 보게 합니다. 하나님도 우리를 성숙하게 하려고 시험을 주시는 것입니다.

창세기 22장에는 아브라함이 당한 시험에 대한 이야기가 나옵니다. 그 시험을 남의 일, 그저 아브라함의 일로만 여기지 말고 나의 일이라 여기며 읽어 보십시오. 아브라함은 백 세에 아들을 낳았습니다. 그 아들이 얼마나 사랑스러웠으면 웃음이라는 뜻의 이삭이라고 이름을 지었겠습니까? 아들을 향해 "웃음아, 웃음아" 하고 부르는 아브라함을 떠올려 보십시오.

그러던 어느 날, 하나님이 이삭을 모리아산에 데려가 죽인 뒤 번제로 바치라고 하시는 겁니다. 이것을 나의 일이라고 생각하면 어떤 생각이 듭니까? 하늘이 무너지는 일이 아닙니까? 아브라함이라고 어찌 의문이 없었겠습니까? '하나님이 왜 나에게 이런 명령을 내리신 걸까? 주실 때는 언제고 다시 달라고 하시다니…내 손으로 어찌 내 아들을 죽인단 말인가?'라고 생각했을 것입니다.

그러나 우리는 그가 어떻게 했는지 잘 압니다. 하나님은 아브라함에게 이삭을 번제로 바치라는 말씀을 마치기도 전에 모리아산에 양을 준비해두셨습니다. 그분은 여호와 이레, 즉 준비하는 하나님이셨습니다. 이 모든 것은 아브라함을 향한 하나님의 시험이었습니다. 그리고 아브라함은 그 시험을 통과했습니다. 수많은 고민 속에서 그의 믿음이 놀랍게 자라난 것입니다. 그래서 히브리서 기자는 아브라함의 믿음을 이렇게 표현합니다.

"아브라함은 시험을 받을 때에 믿음으로 이삭을 드렸으니 그는 약속들을 받은 자로되 그 외아들을 드렸느니라 그에게 말씀하시기를 네 자손이라 칭할 자는 이삭으로 말미암으리라 하셨으니 그가 하나님이 능히 이삭을 죽은 자 가운데서 다시 살리실 줄로 생각한지라 비유컨대 그를 죽은 자 가운데서 도로 받은 것이니라"(히 11:17-19).

하나님은 아브라함에게 약속하셨습니다. 이삭을 통해 태어날 후손이 바다의 모래와 저 하늘의 별처럼 많을 것이라고 말입니다. 그렇게 약속하신 하나님이 이삭을 죽이시면 어떻게 되겠습니까? 아브라함은 이 말씀을 생각한 것입니다. 그는 상황을 보지 않고 하나님을 바라보았습니다. 그래서 그는 이삭을 바치려고 했습니다. 이때 그에게는 하나님이 이삭을 통해 자손을 번성케 하겠다고 약속하셨으니 이삭을 다시 살리실 거라는 믿음이 있었습니다. 그 믿음으로 아브라함은 이삭을 바치려 했고, 하나님은 이삭을 대신할 어린 양을 준비하셨습니다. 혹독한 고민과 어려움을 통해 아브라함의 믿음이 자라난 것입니다.

또한 말로 표현하기 힘들 정도로 큰 고난을 당한 욥은 고난 가운데서 이렇게 고백합니다.

"내가 앞으로 가도 그가 아니 계시고 뒤로 가도 보이지 아니하며 그가 왼쪽에서 일하시나 내가 만날 수 없고 그가 오른쪽으로 돌이키시나 뵈올 수 없구나 그러나 내가 가는 길을 그가 아시나니 그가 나를 단련하신 후에는 내가 순금 같이 되어 나오리라"(욥 23:8-10).

극심한 고통 가운데 그의 마음에는 수많은 의문이 일어났습니다. 하나님이 고통을 주신 이유라도 알고 싶었습니다. 그러나 앞으로 가도 하나님이 계시지 않고 뒤로 가도 계시지 않는 것입니다. 왼쪽에서 하나님이 일하시는 것 같으나 그분이 보이지 않고 알 수도 없습니다. 오른쪽으로 돌이키시는 것 같은데 보이지 않습니다. 이게 무슨 말입니까? 하나님은 욥에게 대답하지 않으셨습니다. 욥의 마음에 수많은 의문이 일어나는데, 고난 가운데 '왜'라는 단어가 끊임없이 떠오르는데, 하나님은 응답하지 않으셨습니다. 그 침묵 가운데서 욥은 "그러나 나의 가는 길을 그가 아시나니 그가 나를 단련하신 후에는 내가 순금같이 되어 나오리라"라고 고백합니다.

그는 고난 앞에서 의문에 대한 해답을 찾기보다 하나님을 신뢰하기로 작정했습니다. 하나님이 답을 주지 않으셔도 그분은 선하시므로 자신을 단련하신 후에 지금보다 더 놀라운 순금 같은 존재가 되게 하실 것을 믿고 고백했습니다.

이러한 욥과 아브라함처럼 고난 앞에서 올바르게 반응하는 우리가 되기를 소망합니다.

즐거워하라

고난이 올 때 우리는 이상히 여기지 말아야 합니다. 그러나 하나님은 여기서 한 걸음 더 나아간 반응을 요구하십니다. 그것은 바로 즐거워하는 것입니다.

"오히려 너희가 그리스도의 고난에 참여하는 것으로 즐거워하라"(벧전 4:13상).

베드로는 우리가 고난 앞에서 즐거워해야 한다고 말합니다. 이게 가능한 이야기입니까? 베드로는 그 이유를 이렇게 말합니다.

"이는 그의 영광을 나타내실 때에 너희로 즐거워하고 기뻐하게 하려 함이라"(벧전 4:13하).

베드로의 논지는 명확합니다. 하나님의 목적에 따라 우리에게 주어지는 고난은 훗날 소망과 연결된다는 것입니다. 이것이 바로 고난에 대한 성경의 가르침입니다. 구원받은 자들에게 고난은 결코 끝이 아닙니다. 믿는 자의 고난은 반드시 영광과 연관이 있습니다.

만일 우리가 우리에게 다가온 불 같은 고난을 이상하게 여기지 않고 하나님이 우리를 연단하시는 시험으로 이해하여 인내하며 즐거워한다면, 훗날 그 고난과 시험은 우리에게 복이 되고 나아가 심판의 날에 상급이 될 것입니다. 이 상급을 생각하며 우리는 고난 속에서 즐거워할 수 있습니다. 물론 모든 고난이 다 상급이 되는 것은 아닙니다. 그래서 베드로는 이렇게 덧붙였습니다.

"너희 중에 누구든지 살인이나 도둑질이나 악행이나 남의 일을 간섭하는 자로 고난을 받지 말려니와"(벧전 4:15).

살인, 도둑질, 악행은 결코 상급이 되는 고난이 아니라는 것이 이해가 되는데, 남의 일을 간섭하는 것은 언뜻 이해가 되지 않습니다. 왜 이것을 살인, 도둑질, 악행과 똑같이 놓았을까요? 남의 일을 간섭한다는 말은 그리스도인이 자신의 소명을 잃어버리고 방향 없이 살아가는 것을 의미합니다. 좀 더 구체적으로 말하면 우리가 정신을 차리지 않는다면 복음과 상관없는 것들에 얼마든지 휘둘리며 살 수밖에 없다는 것입니다.

교회에서도 남의 이야기하기를 좋아하는 사람이 있습니다. 확인되지 않은 남에 관한 나쁜 말들을 여기저기 옮기고, 기도해주겠다는 말로 교묘하게 간섭합니다. 이는 복음이나 교회를 세우기 위한 목적이 결코 아닙니다. 바로 이런 것이 남의 일에 간섭하는 것입니다.

이렇게 험담하고 남을 비방하며 확인되지 않은 소문을 옮기는 것은 살인이나 도둑질, 악행과 똑같은 것입니다. 이러한 일로 고난받는 것은 하나님과 아무런 상관이 없을 뿐만 아니라 상급과도 아무런 상관이 없습니다. 그러나 이러한 것들 외에 그리스도인이기 때문에 겪는 고난이라면 우리는 그것을 부끄러워하지 말아야 합니다.

"만일 그리스도인으로 고난을 받으면 부끄러워하지 말고 도리어 그 이름으로 하나님께 영광을 돌리라"(벧전 4:16).

그리스도인이기 때문에 물질적인 이익을 포기했습니까? 직장에서의 승진을 포기했습니까? 그렇다면 즐거워하기 바랍니다. 하늘에 상이 있습니다. 우리는 교회에서 함께 신앙생활하는 지체가 고난을 이길 수 있도록 격려해야 합니다. 세상은 어떻습니까? 수단과 방법을 가리지 말고 물질을 모으라고 말합니다. 돈을 가진 자가 득세하고 그런 자들에게 편리한 세상이기 때문입니다. 그래서 교회조차 그러한 풍조를 따르는 경우가 얼마나 많은지 모릅니다. 그러나 성도는 하나님의 말씀대로 선을 행함으로 인해 고난을 받는다면, 그 고난을 즐겁게 받으라고 서로 격려해야 합니다. 왜냐하면 우리에게는 소망이 있기 때문입니다.

우리가 그렇게 고난을 당하고 믿음을 지킬 때 우리가 받는 모든 고난은 하나님께 영광이 됩니다. 그리고 훗날 그 결과는 말할 수 없는 상급과 면류관으로 우리를 찾아올 것입니다. 그러므로 고난이 올 때 이상히 여기지 마십시오. 또한 오히려 즐거워하십시오.

의탁하라

마지막으로 우리는 고난을 당할 때 하나님을 의탁해야 합니다.

> "그러므로 하나님의 뜻대로 고난을 받는 자들은 또한 선을 행하는 가운데서 그 영혼을 미쁘신 창조주께 의탁할지어다"(벧전 4:19).

험한 고난의 터널을 지날 때 하나님의 선하심과 권능을 전적으로 확신하지 못하면 우리는 낙담하게 됩니다. 하나님은 전지전능하시기 때문에 우리를 향한 그분의 선하신 목적을 무너뜨릴 권한은 이 땅에 결코 없음을 확신하십시오. 하나님이 어떠한 상황에서도 그분의 계획을 온전히 이루심을 믿어야 합니다. 그래서 베드로는 이 사실을 일깨우기 위해 미쁘신 창조주이신 그분께 우리 영혼을 의탁하라고 말합니다.

우리가 믿는 하나님은 말씀으로 천지를 지은 분입니다. 그리고 그분은 정말 믿을 만한 분입니다. 그분은 말로써 자신을 신뢰하라고 가르치신 게 아니라 삶으로 직접 보여주셨습니다. 사람의 몸으로 이 땅에 오셔서, 우리의 죄를 대신 지고 우리를 영광의 자리로 인도하기 위해 십자가에서 친히 고난을 받고 사흘 만에 부활하셨습니다. 그 영광의 주님이 십자가에서 마지막으로 "아버지여, 내 영혼을 아버지께 의탁하나이다"라고 말씀하셨습니다. 이것은 베드로가 사용한 단어와 동일합니다. 주님이 그 극한 고난 가운데서 자신의 영혼을 하나님 아버지께 맡기셨다면, 우리 또한 고난 가운데서 우리의 영혼을 사랑하는 그분께 맡겨야 합니다.

우리는 고통을 싫어합니다. 그러나 고통은 선물입니다. 필립 얀시(Philip Yancey)와 폴 브랜드(Paul Brand)는 『고통이라는 선물』(The gift of pain, 두란노 역간)이라는 책에서 의료 선교사였던 폴 브랜드의 이야기를 아름다운 문장으로 전해줍니다.

폴 브랜드는 인도에서 나병 환자를 치료하는 의료 선교사였습니다. 나병은 쉽게 말해 몸의 말단부터 신경이 조금씩 죽어가는 병입니다. 그래서 신체 부위를 바늘로 찔러도 전혀 아프지 않습니다. 그런데 어느 날, 그는 수많은 나병 환자들을 돌보다가 과로로 쓰러졌습니다. 혹시나 하고 바늘을 들어 자신의 발을 찔러보았는데 발에 아무런 감각이 없는 것입니다. 그는 가족과 친구들이 만류했던 의료 선교사를 자처하여 인도에 왔는데 정작 자신이 나병에 걸렸다고 생각하니 난감했습니다. 그는 가족에게 어떻게 이야기해야 할지 고민하며 괴로워했습니다. 며칠 동안 끙끙 앓다가, 실낱 같은 희망을 붙들고 다시 바늘로 자신의 발뒤꿈치를 깊게 찔렀습니다. 그런데 이게 웬일입니까? 통증이 느껴지는 것이었습니다. 훗날 그는 그때처럼 고통이 고마웠던 때가 없었다고 고백했습니다.

많은 사람이 고통을 없애려고 의사를 찾아가는데, 역설적이게도 고통이 없는 것을 괴로워하는 사람들도 있습니다. 그들은 오히려 고통을 갈구합니다. 나병 환자에게 한 가지 선물을 고르라고 한다면 그들은 즉시 고통을 고를 것입니다. 폴 브랜드는 "나는 고통 없는 삶을 원하지 않는다"라고 단언했습니다.

고난을 좋아하는 사람은 없습니다. 그러나 믿는 자들에게 불 같은 시험과 고난은 피할 수 없는 것입니다. 고난이 올 때 이상히 여기지 마십시오. 오히려 세상 사람들이 도저히 할 수 없는 수준까지 나아가 즐거워하십시오. 어떻게 그것이 가능합니까? 하나님 아버지를 믿을 때 가능합니다. 고통에 대한 해결

책이 아닌 고통 너머에 계신 하나님으로 인해 모든 고난을 즐거움으로 견디기 바랍니다. 그리고 우리를 지극히 사랑하시는 하나님 아버지께 모든 것을 의탁하기 바랍니다.

우리는 고난을 통해 기도와 겸손, 하나님을 의지하는 법을 배웁니다. 고난의 때에 하나님께 더 가까이 나아감으로 믿음이 성장하는 우리가 되기를 기도합니다.

14장

영광의 면류관을
받는 사역자

베드로전서 5:1-4

¹너희 중 장로들에게 권하노니 나는 함께 장로 된 자요 그리스도의 고난의 증인이요 나타날 영광에 참여할 자니라 ²너희 중에 있는 하나님의 양 무리를 치되 억지로 하지 말고 하나님의 뜻을 따라 자원함으로 하며 더러운 이득을 위하여 하지 말고 기꺼이 하며 ³맡은 자들에게 주장하는 자세를 하지 말고 양 무리의 본이 되라 ⁴그리하면 목자장이 나타나실 때에 시들지 아니하는 영광의 관을 얻으리라.

하나님은 그분의 뜻을 이루려고 이 땅에 두 가지 공동체를 세우셨습니다. 바로 가정과 교회입니다. 가정에 대해서는 대부분 잘 알지만 교회에 대해서는 많은 오해가 있습니다.

먼저 교회는 건물이 아닙니다. 어떤 사람은 교회라고 할 때, 그 교회를 대표하는 담임목사를 떠올립니다. 그러나 이는 잘못된 생각입니다. 교회는 담임

목사가 아닙니다. 교회는 바로 믿는 자들의 무리입니다. 쉽게 말해 교회는 바로 우리입니다.

성경은 교회를 그리스도의 몸이라고 말씀합니다. 우리가 아는 것처럼 주님은 이 땅에 몸을 입고 오셔서 삼 년 동안 공생애 사역을 하다가 우리를 위해 죽은 지 사흘 만에 부활하여 승천하셨습니다. 그러나 주님은 이 땅에 자신의 몸을 남겨두셨습니다. 그 몸이 바로 교회, 즉 믿는 우리입니다. 그러므로 교회는 건물이 아닙니다.

따라서 그리스도인은 주님이 이 땅에서 하시던 일을 행해야 합니다. 주님은 이 땅에서 어떤 일을 하셨습니까? 수많은 일을 하셨지만 마태는 주님이 공생애 기간에 이 땅에서 하신 일을 세 가지로 요약했습니다.

> "예수께서 온 갈릴리에 두루 다니사 그들의 회당에서 가르치시며 천국 복음을 전파하시며 백성 중의 모든 병과 모든 약한 것을 고치시니"(마 4:23).

주님은 이 땅에서 세 가지를 하셨습니다. 가르치고, 천국 복음을 전파하며, 모든 약한 자를 돌보셨습니다. 이 세 가지를 한 단어로 요약하면 바로 '사역'입니다. 예수님은 승천하시며 이 사역을 우리에게 이렇게 설명하셨습니다. 바로 우리가 잘 아는 지상대명령입니다.

> "그러므로 너희는 가서 모든 민족을 제자로 삼아 아버지와 아들과 성령의 이름으로 침례[세례]를 베풀고 내가 너희에게 분부한 모든 것을 가르쳐 지키게 하라"(마 28:19-20).

이 말씀에는 "가서", "침례(세례)를 베풀고", "제자를 삼아", "내가 너희에게 분부한 모든 것을 가르쳐 지키게 하라"와 같은 여러 동사가 나오는 것처럼 보이지만 주동사는 딱 하나입니다. 바로 "제자로 삼아"입니다. 주님은 이 땅에 오셔서 사역을 하셨는데 그 사역의 핵심은 바로 제자를 삼는 것이었습니다. 그리고 승천하시며 이것을 몸된 교회에 명령하셨습니다.

그러므로 교회요 그리스도의 몸이며 믿는 우리가 이 땅에서 무엇을 해야 할까요? 바로 제자를 삼아야 합니다. 믿지 않는 자들에게 복음을 전하여 그들을 구원하고, 또한 구원받은 자들을 돌보고 양육하여 그리스도의 제자로 삼는 일을 해야 합니다. 이것이 바로 교회가 해야 할 일입니다.

그렇다면 제자 삼는 일은 도대체 누가 해야 합니까? 목사가 해야 합니까? 아니면 성도가 해야 합니까? 이것을 올바르게 이해하는 것은 매우 중요합니다. 왜냐하면 수많은 교회가 사역의 주체를 오해하여 교회의 기능을 상실했기 때문입니다. 그동안 교회 안에서 오해를 빚은 주된 내용은 사역은 목사의 몫이라는 것입니다. 얼핏 생각하면 맞는 말처럼 들립니다. 사역은 당연히 목사가 하는 것이라고 생각할 수 있습니다. 그러나 이것이 그동안 교회 안에서 흔히 있었던 오해입니다.

"그가 어떤 사람은 사도로 어떤 사람은 선지자로, 어떤 사람은 복음 전하는 자로, 어떤 사람은 목사와 교사로 삼으셨으니"(엡 4:11).

오늘날 사도나 선지자는 없지만 복음을 전하는 자는 있습니다. 그리고 어떤 사람은 목사와 교사로 세우셨다고 말씀합니다. 목사와 교사는 목회자와 주일학교 교사를 말하는 게 아닙니다. 바로 한 사람입니다. 헬라어로 직역하면 목사 교사입니다. 목회자의 주 업무가 가르치는 사역이라는 것을 강조하는 헬라어 용법입니다.

"이는 성도를 온전하게 하여 봉사의 일을 하게 하며 그리스도의 몸을 세우려

하심이라"(엡 4:12).

성도를 온전하게 한다는 말에서 '온전하게 하다'는 말은 다른 말로 '구비시키다'라는 말입니다. 목회자를 교회에 주신 이유는 성도를 온전하게 하여 구비시키는 것입니다. 그렇다면 구비된 성도는 무엇을 해야 합니까? 본문의 내용처럼 봉사의 일을 해야 합니다. 이 봉사라는 말은 헬라어 원어로 보면 '사역'입니다. 그래서 그 결과로 교회인 그리스도의 몸을 세우는 것입니다.

운동 경기를 빗대어 생각해 보면 교회에서 누가 선수입니까? 그동안 팽배한 생각은 목회자가 선수라는 것입니다. 그렇다면 성도는 무엇입니까? 관중입니다. 그동안 성도는 주일에 한 번 예배만 드리는 관중처럼 오해했습니다. 그러나 하나님은 교회를 그렇게 세우신 적이 없습니다. 이것은 교회를 망치려는 사탄의 술수입니다.

그렇다면 하나님의 그림은 무엇입니까? 선수가 누구입니까? 말씀을 통해 명확하게 깨달아야 합니다. 선수는 바로 성도입니다. 그러면 목회자는 무엇을 하는 자입니까? 한 마디로 말해 코치입니다. 하나님이 목사 교사를 주셨는데, 이는 성도를 구비시켜 온전하게 하여 사역을 감당하게 하기 위한 것이었습니다.

그러므로 모든 성도는 반드시 사역자가 되어야 합니다. 그래서 저희 교회의 모토는 '평신도를 사역자로 세우는 교회'입니다. 저희 교회가 이 모토를 정한 것은 하나님의 가르침을 따른 것입니다. 이러한 이해가 매우 중요합니다. 도대체 이러한 이해와 교회관이 본문과 무슨 연관이 있을까요? 올바른 교회관을 갖지 않으면 본문은 우리와 아무런 상관이 없는 본문이 되기 때문입니다.

본문은 일차적으로 목회자들을 위한 것입니다. 그러나 거기서 끝나지 않습니다. 이는 모든 사역자, 즉 목회자와 성도를 향한 말씀입니다.

"너희 중 장로들에게 권하노니 나는 함께 장로된 자요"(벧전 5:1).

사도와 장로는 엄연히 다릅니다. 그러나 베드로는 자신을 장로로 소개합니다. 사도, 장로, 목회자, 성도는 모두 같은 사역자입니다. 그렇지만 이 사역은 쉽게 되지 않습니다. 목회자는 성도를 온전하게 해야 하며, 성도는 훈련을 받아야 합니다. 구원받은 그리스도인이 가장 힘써야 할 인생의 목표는 바로 사역입니다. 영혼을 구원하고 그 영혼을 그리스도의 제자로 세우는 것입니다.

그렇다면 사역자인 우리는 어떠한 자세로 사역을 해야 합니까? 하나님은 본문을 통해 우리가 사역자로서 갖추어야 할 올바른 태도를 가르쳐 주십니다.

자원함으로 하라

하나님이 원하시는 사역의 태도는 자원하는 것입니다.

> "너희 중에 있는 하나님의 양무리를 치되 억지로 하지 말고 하나님의 뜻을 따라 자원함으로 하며"(벧전 5:2).

베드로는 사역자의 태도를 언급하며 그것을 설명하기 위해 부정적인 수식어구 "억지로 하지 말고"를 붙였습니다. 억지로 함과 자원함, 이 두 단어는 간단해 보이지만 사실 이 땅에서 일하는 모든 사람의 태도를 아우르는 중요한 단어입니다.

왜냐하면 이 땅에서 일을 하는 자는 무조건 이 두 가지 가운데 하나를 선택하게 되어 있습니다. 일을 할 때는 억지로 하거나 자원함으로 하거나 둘 중 하나인 것입니다. 우리는 이 두 가지 태도 가운데 하나를 택하며 살게 되어 있고, 중요한 것은 태도가 우리의 인생을 결정한다는 것입니다.

신기한 것은 유익한 일일수록 억지로 하기 쉽고, 해롭고 무익한 일일수록 자원함으로 하기 쉽다는 것입니다. 이를테면 도박을 하면서 "아, 정말 하기 싫다"라고 하는 사람이 있습니까? 아무도 없습니다. 고스톱을 치면 밤을 샙니다. 게임을 하면서 "나는 이 게임을 하고 싶지 않은데 억지로 하는 거야"라고 하는 사람이 있습니까? 아무도 없습니다. 밥을 굶어가며 게임에 열중합니다.

반면 보람차고 유익한 일은 대부분 억지로 해야 합니다. 그 이유는 우리의 본성이 타락했기 때문입니다. 우리의 본성은 타락하여 내버려두면 타락한 쪽으로 더 기울 수밖에 없습니다. 바울은 구원받은 후 우리 내면에서 일어나는 전쟁을 이렇게 구체적으로 표현했습니다.

> "내 속 곧 내 육신에 선한 것이 거하지 아니하는 줄을 아노니 원함은 내게 있으나 선을 행하는 것은 없노라 내가 원하는 바 선은 행하지 아니하고 도리어 원하지 아니하는 바 악을 행하는도다…그러므로 내가 한 법을 깨달았노니 곧 선을 행하기 원하는 나에게 악이 함께 있는 것이로다"(롬 7:18-21).

우리는 이 전쟁을 알아야 합니다. 구원받은 모든 성도에게는 이 싸움이 있습니다. 우리 안에는 두 가지 소원이 있습니다. 하나님의 일을 하고 싶은 소원과 세상의 일을 하고 싶은 소원입니다. 타락한 본성을 가진 우리는 아무리 좋은 일이라 해도 항상 즐겁게 하기가 어렵습니다. 사역이 귀하다는 것은 알지만 때로 하기 싫을 때가 있습니다. 왜 그렇습니까? 우리가 여전히 육신에 머물고 있기 때문입니다.

그러므로 우리는 이 전쟁을 이해하고 승리하기 위해 항상 노력해야 합니다. 때로 사역을 하기 싫을 때 '혹시 내가 구원받지 못한 것은 아닐까?'라고 생각하며 좌절할 필요가 없습니다. 우리가 아무리 구원받고 기도를 많이 하며 영성을 계발해도 타락한 그대로 있습니다. 바울도 이러한 갈등을 겪었는데 하물며 우리이겠습니까? 우리 안에는 언제나 이 두 마음이 싸웁니다. 그래서 우리는 이 영적 전쟁을 알아야 합니다.

문제는 우리가 두 마음 가운데 어떤 마음을 계발할 것인가 하는 것입니다. 육신에 져서 사역을 포기할 것인가, 아니면 성령에 붙들려 하나님이 주신 사역을 지속할 것인가? 사역을 지속한다면 억지로 할 것인가, 아니면 성령 안에서 즐겁게 자원함으로 할 것인가? 이것이 우리 사역의 질을 결정하고 더 나아가 우리의 삶을 결정합니다.

본문에서 하나님은 베드로를 통해 구원받은 모든 자에게 명령하십니다. 사역을 하되 즐거운 마음으로 하라고 말입니다. 누가 시켜서 억지로 하는 게 아니라 즐거운 마음으로 자원하여 하라고 말씀합니다. 그런데 이 즐거움과 자원하는 마음은 저절로 생기지 않습니다. 매일 자신의 마음을 닦아내야 합니다. 매일 기도해야 합니다. 매일 경건의 시간을 통해 하나님의 말씀으로 자신의 마음에 동기 부여를 해야 합니다. 가만히 두면 우리의 본성은 타락하여 육신으로 기울기 때문입니다. 그래서 우리는 항상 하나님 말씀과 기도로 자신의 마음을 독려해야 합니다.

한 번 자신에게 이렇게 질문해 보십시오. 지금 어떻게 살고 있습니까? 집안일을 '지겹다, 지겨워!'라고 하며 억지로 합니까? 아니면 자원함으로 합니까?

직장에서는 어떻게 일합니까? 돈 때문에 억지로 합니까? 아니면 자원하는 마음으로 동기 부여를 받아 성령과 함께합니까? 이러한 질문과 태도가 중요한 이유는 이것이 우리 인생의 질을 좌우하기 때문입니다.

이 모든 일을 자원함으로 기쁘게 하려면 어떻게 해야 할까요? 우리는 이 땅에 의미 없이 왔다 의미 없이 가는 존재가 아닙니다. 우리는 모두 하나님 앞에 사역자로 부름 받았습니다. 그러므로 마음을 계발하십시오. 하나님이 맡기신 모든 사역은 자원함으로 해야 합니다. 만약 사역을 기쁘게 할 수 있다면 다른 모든 일도 기쁘게 할 수 있습니다. 왜냐하면 영적 전쟁의 최전방에 사역이 있기 때문입니다. 사역이 우리의 기쁨이 되기를 바랍니다.

열정적으로 하라

하나님이 원하시는 사역의 태도는 열정적으로 하는 것입니다.

"더러운 이득을 위하여 하지 말고 기꺼이 하며"(벧전 5:2).

무슨 일이든 열정적으로 하는 사람만큼 신나고 기쁜 사람이 없습니다. 이왕 일을 한다면 열심히 하는 것이 좋습니다. 게다가 놀랍게도, 열정에는 강한 전염성이 있습니다. 사역하는 자가 성경을 사랑하면 양 떼들도 하나님의 말씀을 사랑합니다. 사역하는 자가 잃은 영혼에 관심을 두면 다른 사람들도 잃은 영혼에 관심을 갖습니다. 누군가가 하나님께 기꺼이 자신을 드려 순종하면 그 주위 사람들도 순종합니다. 이렇듯 열정에는 전염성이 있습니다.

부모가 열정적으로 사역하며 산다면 자녀들도 열정이 넘치는 사람이 됩니다. 이 땅에서 열정을 품은 자들과 함께 사는 것이 얼마나 기쁜지 모릅니다. 자녀들에게 열정을 선물하기 바랍니다. 열정을 선물하는 것은 인생을 살아가는 에너지를 주는 것입니다.

그러나 반대로 그렇지 않은 사람들도 많습니다. 하나님이 맡긴 일들을 하긴 하는데 열정이 없습니다. 보고 있자면 얼마나 안타까운지 모릅니다. 도대체 그 안에 조금이라도 불이 있긴 한 건지, 온기를 전혀 느낄 수 없습니다. 일을 하기는 하는데 마치 로봇처럼 합니다. 냉기가 돕니다. 이런 사람은 아무것도 이룰 수 없습니다. 재능이 아무리 뛰어나도 소용이 없습니다.

그래서 저는 목회자들을 볼 때 열정을 가장 중요하게 여깁니다. 학벌이 없어도 괜찮고 재능이 모자라도 괜찮습니다. 그러나 잃어버린 영혼에 대한 열정이 있는지, 복음과 십자가에 대한 뜨거운 마음이 있는지 봅니다. 왜냐하면 열정 없는 인생은 연료 없는 자동차와 같기 때문입니다. 아무리 재능이 뛰어나고 은사가 많아도 열정이 없으면 그 사람은 사역과 인생에서 어떤 열매도 맺을 수 없습니다. 그래서 하나님은 우리에게 사역의 태도를 말하며 열정을 언급하신 것입니다.

베드로는 사역의 열정을 말하며 올바른 열정을 강조합니다. 왜냐하면 이 세상에는 잘못된 열정이 많기 때문입니다. 그래서 그는 이렇게 말합니다. "더러운 이득을 위해 하지 말고." 이는 잘못된 동기로 인한 열심을 강조한 말입니다. 이런 자들은 열심히 하기는 하는데 이득과 명예, 남이 알아주는 것 때문에 합니다. 이것은 교회에서도 조심해야 할 부분입니다.

왜냐하면 오늘날 열심을 내는 사람들 가운데 그 마음의 동기를 살펴보면 하나님과 예수님이 아니라 이득과 명예와 자신을 드러내기 위해 하는 경우가 너무나 많기 때문입니다. 목회자들 가운데도 이러한 자들이 얼마나 많은지 모릅니다.

잘못된 동기에서 비롯된 열정은 하나님과 아무런 상관이 없습니다. 주님은 염소의 무리를 책망하셨습니다. 그때 염소의 무리에 해당하는 자들이 주님께 항변합니다. "주님, 우리가 왜 염소입니까? 우리가 주의 이름으로 선지자 노릇을 했고 주의 이름으로 귀신을 쫓아내며 능력도 행하지 않았습니까?" 그때 주님이 말씀하십니다. "내가 너희를 도무지 알지 못하니 불법을 행하는 자들아, 내게서 떠나가라!" 그들은 열심히 사역했습니다. 그러나 문제는 그들 마음의 동기에 있었습니다. 그들은 하나님의 영광과 다른 영혼을 위한 참 사랑의 동기로 사역하지 않고 자신의 이름을 드러내려고 사역을 한 것입니다.

이러한 사역은 주님과 아무런 상관이 없습니다. 정말 올바른 사역을 하길 원합니까? 그렇다면 올바른 열정을 회복하기 바랍니다. 올바른 열정을 회복하는 방법은 십자가의 사랑과 하나님의 은혜를 깊이 묵상하는 것입니다.

이렇게 우리를 향한 하나님의 은혜와 갈보리 십자가의 놀라운 사랑을 묵상하기 시작하면 어떤 일이 생기는지 아십니까? 열정 없던 사막 같은 마음에 어느 날 작은 시내가 생깁니다. 그리고 그 시내가 강물이 됩니다. 그러다 그 강물이 바다가 되어 인생을 둘러싸면 이 세상의 무엇도 막을 수 없습니다. 환난과 고난, 험담과 멸시도 막을 수 없습니다. 하나님 나라에 대한 열정에 사로잡히게 됩니다.

이런 열정을 회복하기를 간절히 바랍니다. 하나님의 은혜로 말미암은 올바른 열정을 갖기 바랍니다. 사역은 이러한 열정으로 해야 합니다. 아무리 작은 일이라도 하나님이 맡기신 일이라면 열정을 품고 자원함으로 해야 합니다.

가정에서 부부가 열정을 품고 맡은 일을 한다고 생각해 보십시오. 자녀가 열정을 품고 학업에 매진한다면 얼마나 달라지겠습니까? 열정을 품고 하나님의 사역을 하는 주인공이 되기를 축복합니다.

온유함으로 하라

하나님이 원하시는 사역의 태도는 온유함입니다.

"맡은 자들에게 주장하는 자세를 하지 말고 양 무리의 본이 되라"(벧전 5:3).

오늘날 한국 교회에 이보다 더 중요한 말씀이 있을까 하는 생각이 듭니다. 너무나 많은 사역자가 주장하는 자세를 취합니다. 그들에게는 영적 권위가 넘칩니다. 그 권위가 얼마나 대단한지, 조금이라도 대항했다가는 저주를 받을 것만 같습니다. 강단에서는 목회자에게 반항하면 저주를 받는다는 말씀이 공공연하게 선포됩니다. 기도를 많이 하는 사람을 절대 건드려서는 안 된다는 생각이 한국 교회에 팽배합니다.

목회자나 평신도할 것 없이 교묘하게 자신이 기도의 사람이라고 선전합니다. 그 결과 교회에는 사회 어디에서도 볼 수 없는 종속 관계와 억압이 있습니다. 그들은 다른 사람의 영혼을 얽어맵니다. 믿음이 연약한 성도는 하나님이 아닌 그들에게 자기 영혼을 맡깁니다. 이 세상에 종교만큼 다른 사람의 영혼을 강하게 속박할 수 있는 방법도 없습니다. 그러나 이것은 이단들이나 쓰는 방법입니다.

구원파를 보십시오. 그들은 교묘한 방법으로 사람들의 영혼을 얽어맵니다. 이단은 수많은 방법으로 하나님이 아닌 교주에게 시선을 향하게 합니다. 지금 이 시간, 자신의 영혼을 살펴보십시오. 누군가 당신의 영혼을 얽어매고 있지는 않습니까? 어떤 큰 문제를 결정하려 할 때 하나님 앞에 나아가 기도하기에 앞서 그 사람과 먼저 상의해야만 한다면 그 사람을 멀리하십시오. 누군가 당신의 영혼을 얽어매고 있다면 그 모양이 신앙이고 믿음이라 해도 그는 삯꾼이며 양의 탈을 쓴 이리일 뿐입니다.

주님은 우리를 자유케 하려고 오셨습니다. 주님이 피 흘리심으로 주신 자유를 다른 사람에게 헐값에 팔지 마십시오. 바울은 이렇게 외쳤습니다.

"그리스도께서 우리를 자유롭게 하려고 자유를 주셨으니 그러므로 굳건하게 서서 다시는 종의 멍에를 메지 말라"(갈 5:1).

당신은 현재 사역자입니까? 다른 사람의 영혼을 지도하고 있습니까? 그에게 구원을 소개하고 말씀을 가르쳤습니까? 그렇다면 주장하는 자세를 버리십시오. 그의 영혼을 얽어매지 마십시오. 바울은 "내가 너희를 그리스도와 중매하게 하려 한다"라고 말했습니다.

교회는 그리스도의 몸입니다. 그리스도의 몸인 교회는 머리가 하나밖에 없습니다. 바로 예수님입니다. 당신이 복음을 전했든 양육을 했든 상관하지 마십시오. 그를 그리스도께 보내십시오. 그렇게 하는 사람이 진정한 사역자입니다.

그것이 본문의 뜻입니다.

우리가 이 땅에 살면서 하나님이 맡기신 사역들을 자원함으로 하고, 열정적으로 하며, 주장하는 자세가 아닌 온유함으로 할 때 어떤 일이 일어날까요?

"그리하면 목자장이 나타나실 때에 시들지 아니하는 영광의 관을 얻으리라"
(벧전 5:4).

시들지 아니하는 영광의 관이 정확히 어떤 면류관인지는 모르지만, 이 면류관은 올바른 자세로 사역하는 자들에게 하나님이 주실 영광스러운 면류관입니다. 이 땅의 것은 아무것도 아닙니다. 당신이 생명을 다해 가르친 사람이 당신을 주목하지 않아도 괜찮습니다. 하나님이 당신에게 영광의 면류관을 주실 것이기 때문입니다. 이 면류관을 바라보며 올바른 태도로 사역의 길을 걸어가기를 축복합니다.

15장

은혜에
굳게 서기
위하여

베드로전서 5:5-14

⁵젊은 자들아 이와 같이 장로들에게 순종하고 다 서로 겸손으로 허리를 동이라 하나님은 교만한 자를 대적하시되 겸손한 자들에게는 은혜를 주시느니라 ⁶그러므로 하나님의 능하신 손 아래에서 겸손하라 때가 되면 너희를 높이시리라 ⁷너희 염려를 다 주께 맡기라 이는 그가 너희를 돌보심이라 ⁸근신하라 깨어라 너희 대적 마귀가 우는 사자 같이 두루 다니며 삼킬 자를 찾나니 ⁹너희는 믿음을 굳건하게 하여 그를 대적하라 이는 세상에 있는 너희 형제들도 동일한 고난을 당하는 줄을 앎이라 ¹⁰모든 은혜의 하나님 곧 그리스도 안에서 너희를 부르사 자기의 영원한 영광에 들어가게 하신 이가 잠깐 고난을 당한 너희를 친히 온전하게 하시며 굳건하게 하시며 강하게 하시며 터를 견고하게 하시리라 ¹¹권능이 세세무궁하도록 그에게 있을지어다 아멘 ¹²내가 신실한 형제로 아는 실루아노로 말미암아 너희에게 간단히 써서 권하고 이것이 하나님의 참된 은혜임을 증언하노니 너희는 이 은혜에 굳게 서라 ¹³택하심을 함께 받은 바벨론에 있는 교회가 너희에게 문안하고 내 아들 마가도 그리하느니라 ¹⁴너희는 사랑의 입맞춤으로 서로 문안하라 그리스도 안에 있는 너희 모든 이에게 평강이 있을지어다.

베드로는 베드로전서를 마무리하며 편지를 받는 수신자들에게 이렇게 권면합니다. "너희는 이 은혜에 굳게 서라." 오늘날 예배의 자리에 나오는 우리는 모두 은혜를 받은 자들입니다. 우리는 은혜로 구원을 받았고, 은혜로 천국 백성이 되었습니다. 은혜로 하나님을 만났고, 은혜로 예수님을 알며, 그분과 함께 영생을 누릴 것입니다. 우리는 은혜로 교회에 나오고, 은혜로 하나님을 섬기며, 은혜로 영광스러운 하나님 앞에 지금도 예배를 드립니다. 우리는 어떻게 이 귀한 은혜에서 떠나지 않고 굳게 설 수 있을까요? 하나님은 베드로를 통해 우리에게 은혜에 굳게 설 수 있는 방법을 알려 주십니다.

겸손하라

하나님은 우리가 은혜에 굳게 서려면 겸손해야 한다고 말씀합니다.

"젊은 자들아 이와 같이 장로들에게 순종하고 다 서로 겸손으로 허리를 동이라 하나님은 교만한 자를 대적하시되 겸손한 자들에게는 은혜를 주시느니라" (벧전 5:5).

여기서 "젊은 자들아"라는 말은 누구를 지칭하는 것일까요? 나이가 어린 사람들일까요? '젊은 자'에 해당하는 헬라어 단어는 '네오테로스'($νεωτερος$)인데, 여기서 '네오'(nevo)는 영어의 'new'와 같은 '새롭다'는 의미입니다. 그러므로 나이가 젊은 사람을 지칭할 수도 있을 것입니다. 그러나 이것을 신앙적으로 해석하면 신앙의 연륜이 짧은 새신자를 지칭한다고도 할 수 있습니다. 본문이 말하는 이 젊은 자들이 누구인가를 알기 위해 우리가 반드시 살펴보아야 할 단어 하나가 있는데 그것은 다름 아닌 "이와 같이"입니다.

"젊은 자들아 이와 같이 장로들에게 순종하고"(벧전 5:5).

이 말씀을 이해하려면 앞의 문맥을 살펴보아야 합니다. 베드로는 베드로전서 5장 1-4절에서 지도자들, 즉 장로들에게 이렇게 권면합니다. "주장하는 자세로 하지 말고 양 무리의 본이 되라."

스승이신 예수님이 이 땅에서 제자들의 발을 씻기셨습니다. 그래서 베드로는 다스리는 자들에게 이렇게 권면하는 것입니다. 주장하는 자세가 아닌 본이 되라고 말입니다. 그렇게 지도자들에게 권면한 뒤, 베드로는 지도자의 반대편에 서 있는 자들에게 권면하는 것입니다. 그러므로 베드로가 권고하는 대상은 바로 이 젊은 자들인데, 이 젊은 자들은 다시 말해 연령과 상관없이 지도자들의 가르침을 받는 모든 사람입니다. 만일 당신이 누군가의 지도를 받고 있다면 나이가 아무리 많아도 젊은 자에 해당합니다.

베드로는 가르침을 받는 모든 사람에게 자신을 가르치는 자의 말을 경청하라고 조언합니다. 그들의 연륜과 경험을 무시하지 말고, 그 믿음과 신앙을 존중하며 본받으라고 말합니다. 이 모든 것이 장로들에게 순종하라는 한 문장에 함축된 것입니다.

중요한 것은 성경이 장로들에게 순종하는 태도를 하나님을 향한 겸손과 연관시킨다는 것입니다. 다시 말해 본문은 사람에 대한 순종을 하나님에 대한 겸손, 즉 우리 삶의 태도와 연관시키는 것입니다. 그래서 베드로는 이렇게 권면합니다.

"하나님은 교만한 자를 대적하시되 겸손한 자들에게는 은혜를 주시느니라 그러므로 하나님의 능하신 손 아래에서 겸손하라 때가 되면 너희를 높이시리라"(벧전 5:5하-6).

구약에서 하나님의 손은 주로 두 가지 의미로 쓰였습니다. 하나는 구원이고 하나는 우리를 올바른 길로 인도하시는 징계입니다. 그러므로 하나님의 손 아래에서 자신을 낮추고 겸손하게 한다는 말은 그분이 주시는 것은 무엇이든 다 감사함으로 받아들인다는 뜻입니다. 그분이 당신을 평탄한 길로 인도하실 때나 험난한 협곡으로 인도하실 때도 불평하지 않고 그분의 손길을 겸손히 받아들인다는 것입니다.

이러한 태도는 환경뿐만 아니라 우리 주위에 허락하신 사람에게도 마찬가지입니다. 하나님은 우리를 권위 아래에 두십니다. 어릴 때는 부모와 스승의 권위 아래에 두십니다. 성장하여 직장 생활을 하고 인간관계를 맺을 때에도 우리는 권위 아래에 거하게 됩니다. 하나님의 손길 아래에서 겸손하라는 말은 환경만을 뜻하는 것이 아닙니다. 하나님이 권위자로 주신 사람들을 뜻합니다. 그들과 견해가 맞든 맞지 않든 간에 동일하게 우리 인생에 역사하시는 하나님의 손길을 믿고, 그들을 감사함으로 받아들여야 한다는 것입니다.

요즘 우리 세대에는 이러한 태도가 거의 없습니다. 달면 삼키고 쓰면 뱉습니다. 성경은 많은 사람이 하나님의 은혜를 잊는 이유가 겸손하지 못하기 때문이라고 말씀합니다. 세상이 어떻든지 개의치 말고 우리는 하나님 말씀을 따라 그분의 손길 아래에 자신을 낮추고 겸손해야 합니다.

본문 말씀처럼 살아가는 모습을 상상해 보십시오. 하나님이 처하게 하신 환경이 좋든 싫든, 그 환경을 통해 일하시는 하나님을 신뢰하기 때문에 모든 것을 감사함으로 받아들이고 순응합니다.

다윗은 그렇게 살았습니다. 그는 어느 날 갑자기 이스라엘 왕으로 기름 부음을 받았습니다. 그리고 그 기름 부음으로 인해 10년 동안 사울에게 쫓겨 다녀야 했습니다. 목숨을 잃을 뻔한 위기가 몇 번이었는지 셀 수도 없습니다. 다윗의 입장에서는 얼마나 억울했겠습니까? 그는 왕이 되겠다고 나서지도 않았고, 사울의 자리를 탐내지도 않았습니다. 그저 사울을 도우려고 애썼을 뿐입니다.

선지자 사무엘이 이새의 아들들 가운데 한 사람에게 기름을 부으라는 하나님의 명령을 들었을 때, 다윗은 들에서 양을 치고 있었습니다. 그는 언제나 주어진 상황에 최선을 다했습니다.

다윗은 기름 부음을 받은 후 사울의 추격을 피해 도망다니던 중 사울을 해칠 수 있는 몇 번의 완벽한 기회를 가졌음에도, 사울을 죽이자는 부하들의 요청을 일축합니다. 이는 결코 쉬운 일이 아닙니다. 사울이 언제 자기 목숨을 빼앗을지 알 수 없지 않습니까? 사울을 쉽게 해치울 수 있었지만 다윗은 그렇게 하지 않았습니다. 왜냐하면 그는 하나님의 손길을 인정했기 때문입니다.

다윗은 자신을 인도하고 가장 좋은 길로 이끄실 하나님의 손길을 바라보았습니다. 그는 자신의 인생을 살피고 돌보시는 하나님의 손길을 인정하는 겸손한 사람이었습니다. 그는 언제나 하나님의 손길을 의식하며 살았습니다.

귀한 하나님의 은혜에 굳게 서기 원합니까? 구원받아 지금까지 사는 것 자체가 은혜임을 압니까? 이 세상이 아닌 영원한 곳에서 생명을 얻을 존귀한 신분이 된 것 또한 하나님의 은혜임을 믿습니까? 그 은혜 안에서 평생을 살기 원합니까? 그렇다면 삶을 이끄시는 하나님의 손길을 인정하십시오. 그리고 그 능하신 손 아래에서 자신을 낮추고 겸손하기 바랍니다.

좋은 환경만이 아니라 어려운 환경에서도 동일하게 역사하시는 하나님의 손길을 인정하십시오. 좋은 지도자만이 아니라 악한 지도자를 통해서도 일하시는 하나님의 손길을 받아들이십시오. 베드로는 이러한 자들에게 짧지만 아주 강한 약속을 전합니다. "때가 되면 너희를 높이시리라." 즉 하나님의 때가 되면 우리를 높이신다는 것입니다. 시편 78편은 다윗에 대해 "하나님이 저를 양 우리에서 이끌어"라고 설명합니다.

하나님은 다윗을 목동의 자리에서 이끌어내어 하나님의 백성 이스라엘을 치게 하셨습니다. 이스라엘의 목자가 되어 그들을 인도하게 하셨습니다. 하나님의 진급은 언제나 하루아침에 이루어집니다. "때가 되면 너희를 높이시리라"라는 말씀을 통해 하나님을 인정하고 우리의 인생에 역사하시는 하나님의 손길을 받아들이면 그분의 때에 우리를 높이실 것입니다. 하나님은 우리를 선하게 이끄십니다. 은혜 안에 굳건하게 서기 위해 하나님 앞에 평생 자신을 낮추는 겸손이 있기를 바랍니다.

염려를 맡기라

하나님은 은혜 안에 굳게 서기 위해 염려를 맡기라고 말씀합니다.

　심리학자들은 현대인의 삶을 파괴하는 가장 큰 요인으로 불안과 염려를 꼽습니다. 사실 염려와 불안은 보편적인 것이지만 현대인들은 과거 어떤 시대보다 더 많은 염려와 불안을 품고 살아갑니다. 그 이유는 삶이 그만큼 다양하고 복잡해졌기 때문입니다. 과거의 삶은 지금에 비해 매우 단순했습니다. 때가 되면 씨 뿌리고 김매고 추수를 했습니다. 이웃과 경제적 형편이 크게 다르지 않았습니다. 아이들은 학교에 갔다 와서 친구들과 신나게 놀다가 밤이 되면 잠자리에 들었습니다. 자동차가 없으니 아이들을 학교에 보내놓고 부모들은 교통사고에 대한 걱정을 할 필요가 없었습니다. 진학을 신경을 쓰지 않아도 되니 학원에 매달릴 필요도 없었습니다.

　그러나 요즘 우리 삶은 복잡하기 그지없습니다. 게다가 어찌나 바쁜지 아무리 집중해도 늘 무언가를 잊은 것 같고, 열심히 살아도 늘 뒤처지는 것 같습니다. 온 힘을 다해 높은 자리에 올라도, 그 위로 또 얼마나 많은 사람이 있는지 모릅니다. 그야말로 우리는 무한 경쟁의 시대를 살고 있습니다.

　편하게 살려고 문명을 발전시켰지만 역설적이게도 문명이 발달할수록 현대인들은 더 많은 스트레스와 염려를 경험합니다. 혹시 마음에 이유도 모르는 염려가 있지는 않습니까? 성경은 염려에 대해 많은 말씀을 합니다. 성경이 염려에 대해 많은 말씀을 하는 이유가 무엇일까요? 바로 염려가 하나님을 향한 우리의 믿음과 연관이 있기 때문입니다.

그러나 그리스도인에게 염려는 결코 당연한 것이 아닙니다. 구원받지 않은 이방인이라면 모를까, 구원받은 우리에게는 그것이 당연하지 않습니다. 왜냐하면 염려는 살아 계신 하나님을 신뢰하지 않는다는 의미이기 때문입니다. 그래서 주님은 이 사실을 이렇게 깨닫게 하셨습니다.

"그러므로 염려하여 이르기를 무엇을 먹을까 무엇을 마실까 무엇을 입을까 하지 말라 이는 다 이방인들이 구하는 것이라 너희 하늘 아버지께서 이 모든 것이 너희에게 있어야 할 줄을 아시느니라"(마 6:31-32).

주님은 염려가 이방인들의 것이라고 말씀합니다. 세상 사람들은 염려하며 사는 것이 당연하지만 하나님을 믿는 우리에게는 전혀 어울리지 않는다는 것입니다. 염려는 불신앙일 뿐 아니라 마음에 뿌려진 하나님의 말씀을 무력하게 하는 것입니다. 그래서 주님은 씨 뿌리는 비유를 말씀하신 뒤 그 말씀을 제자들에게 해석해 주셨습니다.

"가시떨기에 뿌려졌다는 것은 말씀을 들으나 세상의 염려와 재물의 유혹에 말씀이 막혀 결실하지 못하는 자라"(마 13:22).

많은 사람이 재물 때문에 염려합니다. 이것이 염려의 위력입니다. 염려는 하나님을 신뢰하지 못하는 불신앙의 삶을 살게 할 뿐만 아니라 우리 마음에 뿌려진 하나님의 말씀을 무력하게 합니다. 하나님은 이것을 아셨기 때문에 베드로를 통해 이렇게 권면하시는 것입니다.

"너희 염려를 다 주께 맡기라 이는 그가 너희를 돌보심이라"(벧전 5:7).

이 말씀은 간단하지만 반드시 우리 마음에 새겨야 할 말씀입니다. "맡기라"라는 단어는 '완전히 의탁하라'는 의미입니다. 지금 당신의 염려는 무엇입니까? 예수님은 염려에 대해 이렇게 말씀하셨습니다. "얘들아, 저 공중에 날아다니는 새들을 보렴. 저 새들이 농사를 짓거나 창고를 짓지 않지만 하나님이 저들을 먹이신다. 들의 백합화를 보고 들풀을 보렴. 저 꽃과 풀이 수고와 길쌈으로 옷을 짜지 않지만 가장 화려하게 산 솔로몬의 삶이 저 백합화보다 못하단다. 저 백합화와 들풀이 더 아름답지 않니? 하나님이 공중에 나는 새와 들풀도 먹이고 입히시는데 하물며 너희일까 걱정하느냐? 이 믿음이 적은 자들아." 주님이 믿음이 적은 자들이라고 경종을 울리신 것에 주목하십시오. 구원받은 성도라면 주님이 우리를 돌보심을 믿어야 합니다.

한 성도는 이러한 간증을 했습니다. 어느 날 이 말씀을 읽는데 말씀에서 빛이 튀어나와 눈을 찌르는 것 같았다고 합니다. 어릴 때부터 외웠던 말씀인데 그날따라 성령이 역사하신 것입니다. 이 말씀이 얼마나 가슴에 부딪혔던지 마음에 있는 염려를 종이에 적었다고 합니다. 기도하며 머리가 아닌 가슴으로 그 염려를 하나씩 제거하기 시작했습니다. 그리고 그 성도는 마지막 염려에 줄을 그어 지워버린 그 순간을 이야기했습니다. "목사님, 제 인생을 가득 덮었던 먹구름이 사라지고 마치 다시 태어나 새로운 삶을 사는 것 같았어요." 수많은 설교를 듣는 것보다 말씀을 직접 실천하는 것이 중요합니다. "너희 염려를 다 주께 맡기라 이는 그가 너희를 돌보심이라." 이 말씀으로 마음의 염려를 다 떠나보내기 바랍니다. 새로운 삶이 임할 것입니다.

깨어 근신하라

하나님은 은혜 안에 굳게 서기 위해 깨어 근신하라고 말씀합니다.

만일 예배드리는 누군가가 사탄을 진지하게 생각하지 않는다면 그는 아직도 성경의 가르침을 온전히 믿지 않는 것입니다. 성경은 사탄을 인격적인 존재로 소개합니다. 사탄은 최초 인류인 아담을 타락시켰고, 그 이후 지금까지 믿는 자들을 유혹하여 진리에서 멀어지게 하려고 안간힘을 씁니다. 우리의 눈에는 보이지 않지만 사실 우리에게 다가오는 대부분 유혹이 바로 사탄에게서 온 것입니다. 베드로는 이 사실을 알기 때문에 이렇게 권면합니다.

> "근신하라 깨어라 너희 대적 마귀가 우는 사자 같이 두루 다니며 삼킬 자를 찾나니 너희는 믿음을 굳건하게 하여 그를 대적하라"(벧전 5:8-9).

이는 지극히 현실적인 이야기입니다. 우리가 이 권면을 심각하게 받아들여야 하는 이유는 이 권면을 하는 베드로가 사탄의 유혹에 진 경험이 있기 때문입니다. 그는 예수님의 수제자였습니다. 그럼에도 사탄의 유혹에 넘어갔습니다. 최후의 만찬 석상에서 예수님이 "내가 십자가에 달릴 것이고 체포대가 오면 너희가 다 나를 버리고 도망가리라"라고 말씀하실 때 베드로는 호언장담했습니다. "주님, 다른 제자들은 다 주님을 버릴지라도 저는 주님을 버리지 않을 것입니다. 저는 끝까지 주님을 따라가겠습니다." 그러나 주님이 그에게 말씀하셨습니다. "네가 끝까지 나를 따라온다고? 오늘 밤 닭 울기 전에 너는 나를 세 번 부인할 것이다." 그리고 주님은 이렇게 말씀하셨습니다.

> "시몬아, 시몬아, 보라 사탄이 너희를 밀 까부르듯 하려고 요구하였으나 그러나 내가 너를 위하여 네 믿음이 떨어지지 않기를 기도하였노니 너는 돌이킨 후에 네 형제를 굳게 하라"(눅 22:31-32).

이는 주님이 당시 베드로를 포함하여 누구도 보지 못한 영적인 일을 말씀하신 것입니다. 그것은 바로 베드로와 제자들을 둘러싼 영적 전쟁이었습니다. 주님은 사탄이 지금도 우리를 베드로에게 그랬듯, 밀을 넣고 까부르듯이 마음대로 뒤흔들려 한다고 말씀하시는 것입니다.

이 일이 중요한 이유는 사탄의 이 활동이 여전히 우리에게 유효하기 때문입니다. 이것은 베드로뿐만 아니라 우리에게도 일어나는 일입니다. 이것이 우리의 영적 전쟁입니다. 사탄은 인격적인 존재라는 것을 잊지 마십시오. 새 신자가 예수를 믿고 신앙이 성장할 때 시험을 겪는 것을 많이 보았습니다. 하나님께 더 가까이 나아가려고 할 때 어려운 일들이 몰아닥치는 것은 당연합니다. 영적인 전쟁이 있기 때문입니다.

그러나 우리는 사탄의 공격을 두려워할 필요가 없습니다. 왜냐하면 주님이 우리를 위해 무엇을 할지도 말씀하셨기 때문입니다. 주님은 베드로에게 이렇게 말씀하셨습니다. "사탄이 너희를 밀 까부르듯 하려고 요구하였으나 내가 너를 위하여 기도하였노니 너는 돌이킨 후에 네 형제를 굳게 하라."

이 얼마나 놀라운 말씀입니까? 주님은 우리 편이십니다. 그러므로 우리는 이 영적 전쟁에서 근신함으로 깨어 있어야 합니다. 이 말씀은 영적으로 잠을 자듯이 세상에 취해 세상이 가는 대로 떠내려가지 말고, 파수꾼이 깨어 있듯 늘 깨어 있어야 한다는 것입니다.

날마다 기도하고 말씀을 보는 가운데 하나님을 만남으로 깨어 있어야 한다는 것입니다. 자신이 지금 어디에 있으며 어디로 가는지, 가치관은 어떠한지 점검하며 늘 깨어 있어야 합니다. 그런데 참으로 감사한 것은 이 전쟁에서 우리의 총사령관이신 예수님은 결코 패하지 않으신다는 것입니다. 승리는 이미 예정되어 있습니다. 그래서 본문 마지막 부분에 하나님은 베드로를 통해 이렇게 선포하십니다.

"모든 은혜의 하나님 곧 그리스도 안에서 너희를 부르사 자기의 영원한 영광에 들어가게 하신 이가 잠깐 고난을 당한 너희를 친히 온전하게 하시며 굳건하게 하시며 강하게 하시며 터를 견고하게 하시리라"(벧전 5:10).

하나님이 이렇게 행하실 것입니다. 우리는 이 하나님과 함께 살아갑니다. 그러므로 깨어 사탄을 대적하고 하나님의 손을 붙잡기만 하면 됩니다. 우리의 삶을 통해 역사하시는 하나님의 손길을 겸손히 받아들이고, 날마다 마음에 찾아오는 염려를 떨쳐버리며, 모든 배후에 있는 사탄의 공격을 깨어 근신함으로 물리치면 반드시 승리하고 은혜 안에 굳건히 서게 될 것입니다.

베드로전서에서 우리는 우리 삶에 찾아오는 고난을 이기고 영광스러운 하나님의 자녀로 살아가는 방법을 배웠습니다. 우리는 우리 삶의 주인이신 하나님을 의지해야 합니다. 고난의 골짜기에서 우리의 손을 붙잡고 고통의 계곡을 지날 때 우리를 업고 가실 하나님을 의지하며, 그분이 베푸신 은혜 안에 굳건하게 서기를 기도합니다.

16장

오염된 세상에서
승리하기 위하여

베드로후서 1:1-21

¹예수 그리스도의 종이며 사도인 시몬 베드로는 우리 하나님과 구주 예수 그리스도의 의를 힘입어 동일하게 보배로운 믿음을 우리와 함께 받은 자들에게 편지하노니 ²하나님과 우리 주 예수를 앎으로 은혜와 평강이 너희에게 더욱 많을지어다 ³그의 신기한 능력으로 생명과 경건에 속한 모든 것을 우리에게 주셨으니 이는 자기의 영광과 덕으로써 우리를 부르신 이를 앎으로 말미암음이라 ⁴이로써 그 보배롭고 지극히 큰 약속을 우리에게 주사 이 약속으로 말미암아 너희가 정욕 때문에 세상에서 썩어질 것을 피하여 신성한 성품에 참여하는 자가 되게 하려 하셨느니라 ⁵그러므로 너희가 더욱 힘써 너희 믿음에 덕을, 덕에 지식을, ⁶지식에 절제를, 절제에 인내를, 인내에 경건을, ⁷경건에 형제 우애를, 형제 우애에 사랑을 더하라 ⁸이런 것이 너희에게 있어 흡족한즉 너희로 우리 주 예수 그리스도를 알기에 게으르지 않고 열매 없는 자가 되지 않게 하려니와 ⁹이런 것이 없는 자는 맹인이라 멀리 보지 못하고 그의 옛 죄가 깨끗하게 된 것을 잊었느니라 ¹⁰그러므로 형제들아 더욱 힘써 너희 부르심과 택하심을 굳게 하라 너희가 이것을 행한즉 언제든지 실족하지 아니하리라 ¹¹이같이 하면 우리 주 곧 구주 예수 그리

스도의 영원한 나라에 들어감을 넉넉히 너희에게 주시리라 ¹²그러므로 너희가 이것을 알고 이미 있는 진리에 서 있으나 내가 항상 너희에게 생각나게 하려 하노라 ¹³내가 이 장막에 있을 동안에 너희를 일깨워 생각나게 함이 옳은 줄로 여기노니 ¹⁴이는 우리 주 예수 그리스도께서 내게 지시하신 것 같이 나도 나의 장막을 벗어날 것이 임박한 줄을 앎이라 ¹⁵내가 힘써 너희로 하여금 내가 떠난 후에라도 어느 때나 이런 것을 생각나게 하려 하노라 ¹⁶우리 주 예수 그리스도의 능력과 강림하심을 너희에게 알게 한 것이 교묘히 만든 이야기를 따른 것이 아니요 우리는 그의 크신 위엄을 친히 본 자라 ¹⁷지극히 큰 영광 중에서 이러한 소리가 그에게 나기를 이는 내 사랑하는 아들이요 내 기뻐하는 자라 하실 때에 그가 하나님 아버지께 존귀와 영광을 받으셨느니라 ¹⁸이 소리는 우리가 그와 함께 거룩한 산에 있을 때에 하늘로부터 난 것을 들은 것이라 ¹⁹또 우리에게는 더 확실한 예언이 있어 어두운 데를 비추는 등불과 같으니 날이 새어 샛별이 너희 마음에 떠오르기까지 너희가 이것을 주의하는 것이 옳으니라 ²⁰먼저 알 것은 성경의 모든 예언은 사사로이 풀 것이 아니니 ²¹예언은 언제든지 사람의 뜻으로 낸 것이 아니요 오직 성령의 감동하심을 받은 사람들이 하나님께 받아 말한 것임이라.

    우리가 사는 이 세상은 상상을 초월할 정도로 빠르게 변하고 있습니다. 지난 백 년간의 변화가 인류 역사 오천 년의 변화를 앞질렀다고 합니다. 공중전화기 앞에서 줄을 서서 기다리던 때가 엊그제 같은데, 남녀노소 할 것 없이 모든 사람이 핸드폰을 들고 다니다가 이제는 핸드폰보다 더 많은 기능이 있는 스마트폰이라는 것을 들고 다니는데, 이는 컴퓨터를 손에 들고 다니는 것과 마찬가지입니다.
    이제 무인 자동차의 시대가 열릴 것이라고 합니다. 내비게이션으로 목적지를 지정하듯 목적지만 설정하면 운전자가 없어도 차가 목적지에 데려다 주는 것입니다. 또한 로봇의 발달이 우리 사회를 급변하게 할 거라고 예측합니다. 과학자들은 입는 로봇을 이미 개발했습니다. 50년 전 우리나라의 평균수명은 오십 세 남짓이었지만, 지금은 백 세에 달합니다. 참으로 놀라운 변화가 아닐 수 없습니다.

그러나 우리 사회의 진정한 문제와 변화는 이처럼 기술적인 것이 아닙니다. 기술의 변화는 우리의 삶을 편안하게 해주기 때문에 좋은 것이지만, 문제는 기술의 변화가 교묘하게 가치관의 변화를 유도한다는 것입니다. 정신을 차리고 이 세대의 변화를 직시하기 바랍니다. 기술은 점점 좋아지는데 우리의 삶은 점점 피폐합니다. 그 이유는 무엇일까요? 기술의 변화와 함께 따라오는 가치관의 변화 때문입니다.

불과 얼마 전까지만 해도 동성애자들이 공중파 방송에 버젓이 나오는 것을 상상할 수 없었습니다. 그러나 이제 그들은 자신이 동성애자임을 드러냅니다. 그럼에도 그들은 많은 인기를 누립니다. 성전환 수술을 한 사람들이 당당하게 자신을 밝힙니다. 그럼에도 수많은 젊은이가 그들을 따릅니다. 이게 상상이나 했던 일입니까? 과학은 발달하지만 수많은 가정이 깨어지고, 삶은 점점 더 어려워집니다. 앞으로 우리가 사는 이 세상은 더 많은 도덕과 가치관의 혼란을 겪을 것입니다. 그렇다면 이러한 시대를 사는 우리가 어떻게 승리할 수 있을까요?

베드로는 곧 다가올 미래를 예견하며 이 땅을 떠나기 전, 마지막으로 승리의 방법을 제시합니다.

계속해서 하나님을 알아가라

먼저 계속해서 하나님을 알아가야 합니다. 베드로는 자신을 이렇게 소개합니다.

"예수 그리스도의 종이며 사도인 시몬 베드로는 우리 하나님과 구주 예수 그리스도의 의를 힘입어 동일하게 보배로운 믿음을 우리와 함께 받은 자들에게 편지하노니"(벧후 1:1).

수많은 그리스도인이 베드로를 존경합니다. 베드로는 천주교에서 초대 교황입니다. 천주교 신자들은 교황이 되는 사람은 그 즉시 죄가 없어진다고 믿습니다. 그러나 놀랍게도, 베드로는 자신을 우리와 동일한 믿음을 가진 사람이라고 소개합니다. 그는 예수님의 수제자인 자신과 유대인 그리고 이방인, 모든 그리스도인이 그리스도의 의로 인해 똑같이 부름 받았다는 사실을 강조합니다. "동일하게 보배로운 믿음을 우리와 함께 받은 자들에게 편지하노니." 우리는 어떻게 하나님의 놀라운 능력을 경험했습니까? 어떻게 상상할 수도 없는 하나님의 생명을 소유하고 모든 경건에 속한 것을 우리 것으로 삼을 수 있었습니까? 그는 그 놀라운 기적이 일어난 이유를 이렇게 설명합니다.

"그의 신기한 능력으로 생명과 경건에 속한 모든 것을 우리에게 주셨으니 이는 자기의 영광과 덕으로써 우리를 부르신 이를 앎으로 말미암음이라"(벧후 1:3).

여기서 "앎"은 지식으로 아는 게 아니라 가슴으로 깨달아 아는 것입니다. 즉 전인격적으로 아는 것입니다. 다시 말해 베드로를 포함한 모든 믿는 자가 이 보배로운 하나님의 능력을 소유한 이유는 예수 그리스도와의 친밀한 교제를 통해 하나님을 가슴으로, 인격적으로 알았기 때문입니다. 하늘에서 오는 모든 복은 하나님을 아는 것에서 시작됩니다. 지식이 아닌 가슴에서, 하나님을 아는 것에서 온 것입니다. 그렇다면 그리스도인들은 어떻게 하나님의 은혜와 평강을 더 풍성하게 누릴 수 있을까요? 그 또한 하나님을 아는 것에서 옵니다.

"하나님과 우리 주 예수를 앎으로 은혜와 평강이 너희에게 더욱 많을지어다"
(벧후 1:2).

사람의 몸을 입고 우리를 찾아오신 그리스도를 통해 하나님을 인격적으로 알 때 하나님이 주시는 보배로운 능력인 은혜와 평강을 누리게 된다는 것입니다. 하나님의 신비한 능력은 스스로를 개선하려는 우리의 노력이 아니라, 위로부터 주어지는 것입니다. 이것을 잊지 말아야 합니다. 신앙생활은 도를 닦는 게 아니라 은혜를 누리는 것입니다. 위로부터 임하는 하나님의 은혜로 말미암아 우리에게 능력과 생명이 주어집니다.

생명과 경건에 필요한 모든 것은 어디에서 왔습니까? 한 마디로 위에서 온 것입니다. 우리는 그 선물을 어떻게 받았습니까? 가슴으로 하나님을 아는 것과 그분과의 깊은 교제를 통해 그 선물을 지금도 풍성하게 누립니다. 이렇게 우리가 하나님과 깊은 교제를 누리면 우리 삶에 두 가지 일이 일어납니다. 하나는 놀라운 하나님의 생명이 더욱 풍성하게 되고, 다른 사람들과의 관계에서 많은 열매를 맺는 것입니다. 이것이 그리스도인의 삶입니다. 하나님의 놀라운 생명을 누리고, 마음에 하나님의 놀라운 능력을 소유하면서 이웃과 가족, 주위 사람들을 향한 사랑의 열매를 풍성하게 맺는 것 외에 이 땅에서 우리가 무엇을 더 바랄 수 있겠습니까? 이 모든 것이 다 하나님을 아는 것에서 비롯되었다고 성경은 말씀합니다.

과거에는 사람들이 사는 게 힘들고 곤궁할 때 하나님을 찾았습니다. 우리 조상들도 그랬습니다. 그러나 과학의 발달로 사람들은 이제 원하는 것을 자기 힘으로 얻을 수 있다고 생각합니다. 세상은 이제 더 이상 하나님을 필요로 하지 않습니다. 어려울 때 하나님께 나아오던 사람들이 점점 그분을 떠납니다. 과연 세상만 그럴까요? 문제는 믿는 자들 또한 이 세상 풍조에 휩쓸린다는 것입니다.

하나님보다 이 땅의 것을 더 소중히 여기고, 감사하지 않습니다. 이제 가질 만큼 가졌기 때문입니다. 하나님은 그저 주일에 교회에서 한 번 만나면 되는 존재가 되었습니다. 이것이 바로 우리 앞에 놓인 위험이요 바벨탑의 유혹입니다.

현재 인류는 다시 바벨탑을 쌓고 있습니다. 우리는 바벨탑에 대해 오해하지 말아야 합니다. 탑을 높이 쌓은 것이 잘못이 아닙니다. 문제는 그 탑을 쌓은 동기입니다. 오늘날도 마찬가지입니다. 과학의 발달, 생활의 풍족함, 물질의 풍요가 잘못은 아닙니다. 수명을 연장하는 것도 잘못이 아닙니다. 하나님은 우리가 창조적으로 살기 원하십니다. 하나님이 창조적인 분이시기 때문에 하나님의 형상인 우리도 발전하고 창조해야 합니다. 그것이 우리가 그분을 닮았다는 증거가 됩니다.

문제는 그 창조한 것들이 우리 손에 주어졌을 때 우리가 무엇을 추구할 것인가입니다. 세상은 과학의 발달로 하나님을 등졌습니다. 자신의 힘으로 하늘 꼭대기에 닿으려는 것입니다. 바로 이때 우리는 현실을 직시해야 합니다. 세상이 어디로 달려가는지 분명하게 보아야 합니다. 그러나 우리의 생명과 은혜와 평강은 우리의 힘이 아니라 위로부터 주어졌음을 잊어서는 안 됩니다. 과거에도 그랬고 지금도 그러하며 앞으로도 그럴 것입니다.

그리고 그것은 그리스도를 통해 하나님을 알게 됨으로 우리에게 주어졌습니다. 그러므로 이 세상의 잘못된 흐름을 거스르기 위해 우리는 하나님을 깊이 알아가야 합니다. 우리가 받은 모든 은혜가 주님이 주신 것임을 알고 그분을 전인격적으로 알아가야 합니다.

구체적인 구원의 열매를 맺으라

두 번째로 구체적인 구원의 열매를 맺어야 합니다. 하나님은 구원과 함께 우리 삶에 진정으로 필요한 모든 것을 선물로 주셨습니다. 그러나 우리에게 필요한 것들이 선물로 주어졌다고 해서, 우리가 그 혜택을 자동으로 누리는 것은 아닙니다. 우리는 그 선물들을 제대로 사용해야 합니다. 베드로는 본문을 통해 바로 이것을 강조하고 있습니다. 베드로는 우리에게 하나님의 약속과 능력을 상기시키며 그 약속 앞에 나아와 열심히 그것들을 개발하고 사용하라고 권면합니다. 하나님의 약속을 누리고 사용할 때 두 가지 유익이 따릅니다.

"이로써 그 보배롭고 지극히 큰 약속을 우리에게 주사 이 약속으로 말미암아 너희가 정욕 때문에 세상에서 썩어질 것을 피하여 신성한 성품에 참여하는 자가 되게 하려 하셨느니라"(벧후 1:4).

그 두 가지 유익은 바로 세상에서 썩어질 것을 피하고, 신성한 성품에 참여하는 것입니다. 사실 이 두 가지는 같은 진리인데, 동전의 앞뒷면처럼 하나는 적극적으로, 하나는 소극적으로 표현한 것입니다. 그러면 세상에서 썩어질 것을 피하고 신성한 성품에 참여하기 위해 구체적으로 우리가 맺어야 할 삶의 열매들은 무엇일까요? 베드로는 우리에게 일곱 가지를 소개합니다. 그것은 바로 덕, 지식, 절제, 인내, 경건, 형제 우애, 사랑입니다.

덕

덕은 도덕적 견고함을 뜻합니다. 이는 어떤 환경에서도 옳은 일을 할 수 있는 강한 내적 동기입니다. 우리가 정말 하나님을 안다면 삶에서 덕을 쌓아야 합니다. 우리는 보통 덕스러운 사람이라고 하면 우유부단한 사람을 떠올리지만, 사실 그렇지 않습니다. 본문이 말하는 바는 강한 내적 동기입니다. 남들이 다 비난해도 그렇게 하는 것이 옳지 않으면 입을 다무는 것입니다. 모두가 거짓말을 해도 진실이 아니면 말하지 않는 것입니다. 바로 이것이 덕입니다.

지식

그리스도인은 지식을 계발해야 합니다. 이것은 예리한 관찰을 통해 터득한 실제 삶을 보는 눈입니다. 지혜이며 냉철한 시각입니다. 삶을 통해 교훈을 배우는 것입니다. 그래서 나이가 들수록 그리스도인들은 지혜가 자라야 합니다. 그런데 어떤 사람은 나이가 들면 들수록 더 우둔해집니다. 이런 모습은 믿는 자에게 합당한 모습이 아닙니다. 하나님을 알아가는 자들은 지식이 점차 쌓여야 합니다.

절제

절제는 한 마디로 말해 그리스도인들이 예수님 말고 어떤 것도 자신을 지배하게 내버려둬서는 안 된다는 것입니다. 돈, 취미, 성(性), 음식, 목표 등은 다 좋은 것입니다. 그러나 이 모든 것을 때로는 거절할 수 있어야 합니다. 이것이 절제입니다.

인내

인내는 삶이 힘들 때뿐만 아니라 세상이 그리스도인인 우리를 힘들게 할 때에도 언제나 믿음을 지키며 그 자리에 남아 있는 것을 의미합니다.

경건

경건이라는 의미의 헬라어 단어 '유세베이아'(eusebeia)에는 두 가지 의미가 담겨 있습니다. 하나는 하나님을 향해 경외하는 마음을 갖는 것이고, 다른 하나는 사람을 향해 존중하는 마음을 갖는 것입니다. 즉 하나님을 예배하고 사람을 존중하는 것이 경건입니다. 어떤 사람은 하나님을 사랑하고 섬긴다고 하면서 사람들을 무시하는데, 그것은 가짜 경건입니다.

형제 우애

형제 우애는 주위에 있는 모든 사람을 자신의 가족처럼 대하는 것을 의미합니다. 그들이 슬플 때 같이 슬퍼하고, 기쁠 때 같이 기뻐하는 것입니다. 가능한 한 주변 모든 사람을 그렇게 대할 수 있어야 합니다.

사랑

사랑은 예수님이 우리를 위해 자신을 내어주심같이 주위 지체를 돌보고 사랑하는 것입니다. 우리는 삶에서 덕, 지식, 절제, 인내, 경건, 형제 우애, 사랑이라는 열매를 맺어야 합니다.

만일 하나님이 우리에게 놀라운 생명과 능력을 주시지 않고 이것을 행하라고만 하신다면, 이것은 우리에게 부담이요 죄책감을 늘리는 시험에 불과할 것입니다. 그러나 이미 살펴본 것처럼 우리는 그리스도를 통해 위로부터 하나님의 능력을 받았습니다. 그리고 그분과의 교제를 통해 그 풍성한 약속이 우리의 것이 되었습니다.

그러므로 이 모든 실제적인 열매가 우리 삶에 나타나는 것은 불가능한 일이 아닙니다. 우리가 성령님께 순종할 때 주렁주렁 맺을 수 있는 열매들입니다. 이러한 열매를 풍성히 맺은 부모, 부부, 성도의 모습을 상상해 보십시오. 우리 사회가 어떻게 달라질까요? 우리가 이 일들을 힘써 행할 때 우리는 하나님의 성품에 참여하게 되고, 세상의 정욕에서 자신을 지킬 수 있습니다.

우리 안에는 믿지 않는 자들에게는 없는 놀라운 능력이 있습니다. 그 능력을 토대로 우리는 삶에서 구원의 열매를 충분히 맺을 수 있습니다. 세상이 아무리 오염되고 어둡다 해도 우리는 승리하며 살 수 있습니다.

진리에 굳게 서라

마지막으로 진리에 굳게 서야 합니다. 가슴으로 하나님을 알고, 구원의 구체적인 열매를 맺으며, 진리 위에 굳게 설 때 우리는 승리할 수 있습니다. 베드로는 마지막 때에 진리에 대한 혼란이 있을 것을 예견하고 거짓 진리와 참 진리를 설명합니다. 그는 마지막 때에 사람들이 진리를 떠나 허탄한 것에 눈을 돌릴 거라고 예견했습니다. 그렇다면 거짓 진리는 무엇입니까?

"우리 주 예수 그리스도의 능력과 강림하심을 너희에게 알게 한 것이 교묘히 만든 이야기를 따른 것이 아니요"(벧후 1:16).

여기서 교묘히 만든 이야기는 '신화'를 뜻합니다. 사람들은 비밀스럽고 신비한 것에 마음이 끌립니다. 문제는 교회에도 여전히 신비한 꿈 이야기에 솔깃하는 사람이 있다는 것입니다. 하나님의 말씀을 이야기할 때보다 꿈 이야기를 할 때 더 흥미를 보입니다. 미래를 예언하고 신비한 이야기를 하며 이상한 해석을 하면 좋아합니다. 그러나 기억하십시오. 하나님은 진리를 그렇게 전하지 않으셨습니다. 베드로는 이미 우리가 진리를 소유했다고 말합니다.

"그러므로 너희가 이것을 알고 이미 있는 진리에 서 있으나 내가 항상 너희에게 생각나게 하려 하노라"(벧후 1:12).

우리는 이미 진리를 받았습니다. 그러므로 신비한 것에 관심을 두지 말라는 것입니다. 참된 진리는 어디에서 왔습니까?

"지극히 큰 영광 중에서 이러한 소리가 그에게 나기를 이는 내 사랑하는 아들이요 내 기뻐하는 자라 하실 때에 그가 하나님 아버지께 존귀와 영광을 받으셨느니라 이 소리는 우리가 그와 함께 거룩한 산에 있을 때에 하늘로부터 난 것을 들은 것이라"(벧후 1:17-18).

이는 변화산에서 일어난 사건입니다. 진리는 바로 예수님을 통해 우리에게 전해졌습니다. 하나님은 그분의 진리를 사람의 모습으로 임하신 예수 그리스도를 통해 우리에게 계시하셨고, 그 진리를 사도들을 통해 예언의 말씀, 즉 성경으로 기록하셨습니다.

"또 우리에게는 더 확실한 예언이 있어 어두운 데를 비추는 등불과 같으니 날이 새어 샛별이 너희 마음에 떠오르기까지 너희가 이것을 주의하는 것이 옳으니라"(벧후 1:19).

여기서 "주의하는"이라는 말은 그 뜻을 깨닫기 위해 헌신한다는 의미입니다. 쉽게 말해 진리를 찾으려고 더 이상 꿈이나 신비한 이야기를 찾아다닐 필요가 없다는 것입니다. 왜냐하면 하나님은 이미 우리에게 진리를 다 주셨기 때문입니다. 예수 그리스도를 통해 모든 진리를 보여주셨고, 모든 말씀을 성경에 기록해 놓으셨습니다. 그러므로 이제 우리는 진리의 말씀이 마음에 샛별처럼 떠오를 때까지 성경을 깊이 공부하고 묵상해야 합니다.

성경을 공부하다 샛별처럼 하나님의 말씀을 깨달은 경험이 있습니까? 복음을 강력하게 깨닫고, 그분의 평강과 용서를 깨달으면 마음의 상처가 은혜로 사라져버립니다. 말씀이 샛별처럼 떠오르는 것입니다. 성경의 모든 말씀은 하나님이 우리에게 주신 진리입니다.

"예언은 언제든지 사람의 뜻으로 낸 것이 아니요 오직 성령의 감동하심을 받은 사람들이 하나님께 받아 말한 것임이라"(벧후 1:21).

가치관의 혼란이 극심한 이 세상에서 승리하려면 어떻게 해야 할까요? 방법은 매우 간단합니다. 성경을 깊이 있게 공부하는 것입니다. 하나님의 말씀을 읽고 배우며 그 말씀을 삶에 깊이 적용할 때, 세상이 아무리 혼탁해도 우리는 진리와 생명의 길을 걸을 수 있습니다.

과학이 발달할수록 세상의 가치관과 도덕은 점점 더 혼란스러울 것입니다. 우리의 다음 세대는 지금보다 더 혼란한 시대를 살아가게 될 것입니다. 이러한 때에 우리는 어떻게 해야 합니까? 하나님을 가슴으로 깊이 알아가야 합니다. 눈을 들어 위를 바라보아야 합니다. 그분께만 생명이 있습니다. 오직 그분만이 우리에게 능력과 은혜와 평강을 주실 수 있습니다. 또한 그분만이 우리로 하여금 풍성한 삶의 열매를 맺게 하십니다. 하나님은 혼탁한 세상이 올 것을 아시고 영원히 변치 않는 진리의 말씀을 우리에게 주셨습니다.

말씀 한 마디로 이 땅을 지으시고 지극히 놀라운 능력, 은혜, 평강, 사랑을 부어주신 하나님을 우리는 알아가야 합니다. 그리고 온 힘을 다해 구원의 열매를 맺어야 합니다. 그렇게 할 때 우리는 이 세상을 따르지 않을 수 있을 뿐만 아니라 잘못된 이 세상을 올바르게 구원하는 세상의 등불이 될 수 있습니다. 이 길을 걸어가는 우리가 되기를 간절히 기도합니다.

17장

거짓 가르침에
속지 않기 위하여

베드로후서 2:1-22

1그러나 백성 가운데 또한 거짓 선지자들이 일어났었나니 이와 같이 너희 중에도 거짓 선생들이 있으리라 그들은 멸망하게 할 이단을 가만히 끌어들여 자기들을 사신 주를 부인하고 임박한 멸망을 스스로 취하는 자들이라 **2**여럿이 그들의 호색하는 것을 따르리니 이로 말미암아 진리의 도가 비방을 받을 것이요 **3**그들이 탐심으로써 지어낸 말을 가지고 너희로 이득을 삼으니 그들의 심판은 옛적부터 지체하지 아니하며 그들의 멸망은 잠들지 아니하느니라 **4**하나님이 범죄한 천사들을 용서하지 아니하시고 지옥에 던져 어두운 구덩이에 두어 심판 때까지 지키게 하셨으며 **5**옛 세상을 용서하지 아니하시고 오직 의를 전파하는 노아와 그 일곱 식구를 보존하시고 경건하지 아니한 자들의 세상에 홍수를 내리셨으며 **6**소돔과 고모라 성을 멸망하기로 정하여 재가 되게 하사 후세에 경건하지 아니할 자들에게 본을 삼으셨으며 **7**무법한 자들의 음란한 행실로 말미암아 고통당하는 의로운 롯을 건지셨으니 **8**(이는 이 의인이 그들 중에 거하여 날마다 저 불법한 행실을 보고 들음으로 그 의로운 심령이 상함이라) **9**주께서 경건한 자는 시험에서 건지실 줄 아시고 불의한 자는 형벌 아래에 두어 심판 날까지 지키시며

¹⁰특별히 육체를 따라 더러운 정욕 가운데서 행하며 주관하는 이를 멸시하는 자들에게는 형벌할 줄 아시느니라 이들은 당돌하고 자긍하며 떨지 않고 영광 있는 자들을 비방하거니와 ¹¹더 큰 힘과 능력을 가진 천사들도 주 앞에서 그들을 거슬러 비방하는 고발을 하지 아니하느니라 ¹²그러나 이 사람들은 본래 잡혀 죽기 위하여 난 이성 없는 짐승 같아서 그 알지 못하는 것을 비방하고 그들의 멸망 가운데서 멸망을 당하며 ¹³불의의 값으로 불의를 당하며 낮에 즐기고 노는 것을 기쁘게 여기는 자들이니 점과 흠이라 너희와 함께 연회할 때에 그들의 속임수로 즐기고 놀며 ¹⁴음심이 가득한 눈을 가지고 범죄하기를 그치지 아니하고 굳세지 못한 영혼들을 유혹하며 탐욕에 연단된 마음을 가진 자들이니 저주의 자식이라 ¹⁵그들이 바른 길을 떠나 미혹되어 브올의 아들 발람의 길을 따르는도다 그는 불의의 삯을 사랑하다가 ¹⁶자기의 불법으로 말미암아 책망을 받되 말하지 못하는 나귀가 사람의 소리로 말하여 이 선지자의 미친 행동을 저지하였느니라 ¹⁷이 사람들은 물 없는 샘이요 광풍에 밀려 가는 안개니 그들을 위하여 캄캄한 어둠이 예비되어 있나니 ¹⁸그들이 허탄한 자랑의 말을 토하며 그릇되게 행하는 사람들에게서 겨우 피한 자들을 음란으로써 육체의 정욕 중에서 유혹하는도다 ¹⁹그들에게 자유를 준다 하여도 자신들은 멸망의 종들이니 누구든지 진 자는 이긴 자의 종이 됨이라 ²⁰만일 그들이 우리 주 되신 구주 예수 그리스도를 앎으로 세상의 더러움을 피한 후에 다시 그 중에 얽매이고 지면 그 나중 형편이 처음보다 더 심하리니 ²¹의의 도를 안 후에 받은 거룩한 명령을 저버리는 것보다 알지 못하는 것이 도리어 그들에게 나으니라 ²²참된 속담에 이르기를 개가 그 토하였던 것에 돌아가고 돼지가 씻었다가 더러운 구덩이에 도로 누웠다 하는 말이 그들에게 응하였도다.

누구나 살면서 한 번쯤은 남에게 속아 본 경험이 있을 것입니다. 제가 만난 중년의 성도가 아픈 가정사를 털어놓았습니다. 그가 어릴 때, 그의 어머니는 이단에 빠졌습니다. 그의 어머니는 가정을 버리고 이단을 택해 떠났고, 그는 먼 친척 집에서 험난한 어린 시절을 보냈습니다. 그런데 더 기가 막힌 것은 수십 년이 흐른 지금도 그의 어머니가 이단 본부에 머물고 있다는 것입니다. 어머니가 그곳에서 노동 착취를 당하고 있다며 마흔이 넘은 그가 어린아이처럼 펑펑 울었습니다. 또한 이처럼 이단에 빠져 오랜 시간을 보낸 한 사람의 다음과 같은 이야기를 책에서 읽은 적이 있습니다.

"내 이야기는 내가 아무것도 모른 채 문선명의 통일교 위장 단체 소유의 한 농장에서 열린 즐거운 주말 파티에 이끌려 갔을 때 시작한다. 나는 그곳에서 지적이고 독립적인 사람에서, 새로운 메시아에게 전적으로 굴종하는 제자로 바뀌었다. 나는 그때 문선명 목사의 절대적인 통치를 받는 세상을 만들기 위해서라면 기꺼이 내 목숨을 바치거나 살인까지 저지를 준비가 되어 있었다."

우리 주위에는 이처럼 거짓 가르침에 희생된 사람이 너무 많습니다. 그러나 중요한 것은 이러한 거짓 가르침이 이단에게만 해당하는 것이 아니라는 사실입니다. 이단보다 더 무서운 것은 교회 안에도 진리가 아닌 자신의 유익을 채우는 데 급급한 사람들이 너무 많다는 것입니다.

성경은 말세가 되면 이러한 거짓 가르침들이 수없이 많이 생길 것이라고 누누이 경고합니다. 어떻게 하면 우리가 거짓 가르침에 속지 않고 하나님의 진리 안에 굳게 설 수 있을까요? 하나님은 베드로를 통해 두 가지를 말씀합니다.

거짓 가르침의 특징을 알라

먼저 거짓 가르침의 특징을 알아야 합니다. 거짓 가르침은 언제나 우리 주위에 있습니다. 다음 본문은 거짓 교사의 세 가지 특징을 알려줍니다.

"그러나 백성 가운데 또한 거짓 선지자들이 일어났었나니 이와 같이 너희 중에도 거짓 선생들이 있으리라 그들은 멸망하게 할 이단을 가만히 끌어들여 자기들을 사신 주를 부인하고 임박한 멸망을 스스로 취하는 자들이라"(벧후 2:1).

이단

거짓 교사들의 첫 번째 특징은 기독교의 핵심 진리를 부인하려고 이단을 끌어들이는 것입니다. 이단을 한자로 풀면 다를 이(異), 꼬리 단(端)입니다. 즉 결론이 다른 것입니다. 비슷해 보이지만 마지막이 다르기 때문에 결국 전혀 다른 가르침이 되는 것입니다. 이것이 이단입니다.

거짓 교사들은 진리를 대놓고 부인하지 않습니다. 그들은 언뜻 보면 성경이 가르치는 내용을 더 깊이, 그대로 가르치는 것처럼 보입니다. 그러나 그들의 마지막은 너무나 다릅니다. 그래서 결국 그들의 가르침은 성경과 전혀 다른 것이 되고 맙니다. 그들은 죄, 구원, 하나님, 그리스도, 영생 등 우리와 같은 단어를 말하지만 그것은 성경이 말하는 바와 전혀 다릅니다. 그들이 의도하는 것은 결국 한 가지입니다. 기독교의 핵심인 그리스도를 부인하는 것입니다.

모든 이단에는 공통된 특징이 있습니다. 그들은 그리스도를 인정하는 듯하면서 교묘하게 자신을 그리스도보다 더 높입니다. 이는 결국 주님을 부인하는 것입니다. 예수님은 이 세상에서 하나님께 가는 길은 오직 예수님뿐이라고 말씀하셨습니다.

"내가 곧 길이요 진리요 생명이니 나로 말미암지 않고는 아버지께로 올 자가 없느니라"(요 14:6).

이 말씀은 "내가 곧 하나밖에 없는 길이요, 하나밖에 없는 진리요, 이 세상에 하나밖에 없는 생명이니 나로 말미암지 않고는 아버지께로 올 자가 아무도 없느니라"라는 것입니다. 그러므로 얼핏 해가 없어 보인다는 이유만으로 특정 사람의 가르침을 무조건 수용하지 마십시오. 신비하고 마음이 끌리며, 굉장한 영성이 있어 보여도 함부로 따라가서는 안 됩니다. 적어도 충분한 시간을 두고 그들이 가르치는 내용과 결론을 성경의 가르침과 비교한 후에 판단해야 합니다. 그러려면 하나님의 말씀을 공부해야 합니다. 만일 조금이라도 성경의 가르침과 상반된다면 돌아서서 도망쳐야 합니다.

도덕적 타락

거짓 교사들의 두 번째 특징은 도덕적 타락입니다.

> "여럿이 그들의 호색하는 것을 따르리니 이로 말미암아 진리의 도가 비방을 받을 것이요"(벧후 2:2).

호색은 도덕적 타락의 절정을 의미합니다. 성경은 소돔과 고모라의 죄악을 호색으로 묘사합니다. 이 말씀의 의미는 무엇일까요? 소돔과 고모라의 백성이 다른 것은 다 정상인데 성적인 것에만 문제가 있었다는 의미일까요? 그렇지 않습니다. 소돔과 고모라의 백성이 성적으로 타락했다는 말은 그들의 도덕 수준을 보여주는 것입니다. 그들이 성적으로나 도덕적으로 철저히 타락했다는 의미입니다.

그러므로 우리는 행위로 그들의 가르침을 판단해야 합니다. 그 행위도 그들의 삶을 자세히 들여다보고 판단해야 합니다. 그러려면 시간이 필요합니다. 누군가를 멘토(조언자)나 영적 지도자로 삼으려면 그들의 삶을 면밀히 살펴야 합니다. 과연 그가 그리스도를 드러내는지, 아니면 그리스도를 이용하여 자신을 드러내는지 살펴보아야 합니다.

오늘날 한국 교회에 그리스도의 이름은 사용하지만 결국 자신의 권위를 그리스도보다 더 높여서, 사람들의 영혼을 옴짝달싹 못하게 붙잡는 사람들이 너무나 많습니다. 그들은 거짓 교사들입니다. 수많은 기도원과 심지어 교회에서도 이른바 기도를 빙자하여 거미줄처럼 사람들의 영혼을 꽁꽁 얽어매어 자신이 아니면 어떤 결정도 내릴 수 없도록 영적으로 결박하는 경우가 얼마나 많은지 모릅니다.

거짓 교사들은 교회 안에 있을 수도 있습니다. 아무리 카리스마가 있고 대단한 능력을 행한다 해도 삶에 은혜가 없고 율법으로 얽어매기만 한다면 그는 거짓 교사일 가능성이 높습니다. 자신의 권력을 이용해 그리스도보다 자신의 영성을 은근히 더 앞세운다면 그는 거짓 교사일 가능성이 높습니다. 우리는 이것을 분별해야 합니다.

탐심

거짓 교사들의 마지막 특징은 '탐심'입니다.

"그들이 탐심으로써 지어낸 말을 가지고 너희로 이득을 삼으니 그들의 심판은 옛적부터 지체하지 아니하며 그들의 멸망은 잠들지 아니하느니라"(벧후 2:3).

결국 그들이 그럴싸한 교리와 말을 지어내는 이유는 금고를 채우기 위해서입니다. 설교의 전반적 흐름이 물질적 복을 받는 방법을 제시하는 것이라면, 그때 우리는 마음의 경고를 발해야 합니다.

한때 온 성도의 미국 관광 코스였던 수정교회(Cristal Cathedral)는 수만 명에 달하는 성도를 자랑했습니다. 그때 저를 가르쳤던 댈러스신학교 교수들을 비롯한 여러 복음주의자가 수정교회에 경고를 발했습니다. 수정교회를 담임한 로버트 슐러(Robert Schuler) 목사는 평생 한 가지 주제만을 설교했습니다. 바로 '긍정적인 사고방식'입니다.

지금도 수만 명이 모이는 교회 가운데 긍정적인 사고방식을 설교하는 교회가 많습니다. 그러한 교회의 특징은 강단에서 성도의 마음을 불편하게 하는 메시지가 단 한 번도 전해지지 않는다는 것입니다.

그런데 수정교회는 지금 어떻게 되었습니까? 사망한 로버트 슐러 목사의 딸들에게 재산이 증여되었는데, 그들이 소송하고 분쟁한 끝에 결국 아주 이상한 단체에 팔리고 말았습니다. 이것이 그 교회의 결론입니다. 우리는 이러한 가르침의 특징을 알아야 합니다. 강단에서 단 한 번도 불편한 메시지가 전해지지 않은 것을 이상하게 생각해야 합니다. 우리가 공부하는 선지서만 보아도 성경은 우리가 읽고 받아들이기에 불편한 메시지를 많이 담고 있습니다.

우리는 말세를 살고 있습니다. 그리고 성경은 오늘날 교회 안에 거짓 교사들이 있다고 말씀합니다. 그래서 하나님은 거짓 교사들의 특징을 이처럼 명쾌하게 알려주셨습니다. 거짓 교사들의 특징을 잘 알고 대처하여 그들에게 속아 넘어가는 일이 없기를 바랍니다.

하나님의 심판과 보호하심을 알라

우리가 거짓에 속지 않고 하나님의 진리에 서고자 한다면 하나님의 심판과 보호하심을 알아야 합니다. 즉 '하나님의 심판', '하나님의 보호하심'이라는 두 가지 주제를 분명하게 알아야 합니다.

처음 성경을 읽으면 성경에 나타난 하나님의 상반된 두 모습으로 인해 혼란을 겪게 됩니다. 진심으로 성경을 읽었다면 혼란이 있을 수밖에 없습니다. 진노하시는 하나님과 은혜를 베푸시는 하나님은 서로 상충됩니다. 하나님은 그 진노가 얼마나 심한지, 가나안에 있는 모든 족속을 멸하라고 명령하십니다. 동시에 하나님은 얼마나 은혜로우신지, 죄인들을 위해 자신의 하나뿐인 독생자를 우리를 위해 이 땅에 보내십니다. 도대체 무엇이 하나님의 참 모습일까요?

이 고민은 성경을 진지하게 읽은 모든 사람이 과거 교회 역사를 통해 동일하게 고민한 것입니다. 기독교 역사 가운데 가장 큰 이단이 있었는데, 그 이단 교주의 이름은 말시온(Marcion)입니다. 그는 당시의 감독, 즉 오늘날로 말하면 목사의 아들이었습니다. 천재적인 면모가 있었던 그는 성경을 굉장히 깊이 읽었습니다. 그런데 그는 구약에 나오는 엄격하고 노기등등하며 심판하시는 하나님은 우리를 구원하기 위해 아들을 보낼 정도로 많은 사랑과 긍휼을 베푸는 은혜로우신 하나님과 전혀 다른 분이라고 단정지었습니다.

또한 그는 이 세상은 불완전하고 부패하였으므로 거룩하신 하나님이 이 부패한 세상을 창조하셨을리 없다고 주장했습니다. 그래서 결국 이단에 빠지게 되었습니다. 하나님은 어떤 분입니까? 두려운 심판자입니까, 아니면 은혜로운 아버지입니까? 그분은 분노와 멸망의 근원입니까, 아니면 영원한 복의 원천입니까? 하나님의 이 두 가지 모습을 제대로 이해해야 합니다. 그래야 성경을 올바르게 읽을 수 있습니다.

이 질문에 대한 대답은 하나님이 어떤 분이신가라는 물음이 아니라 대상이 누구인가라고 물을 때 찾을 수 있습니다. 하나님은 결코 변치 않으십니다. 구약의 여호와 하나님이 그대로 신약의 하나님이십니다. 인류를 홍수로 쓸어버리시는 엄격한 하나님, 가나안을 다 멸하라고 하신 그 하나님이 우리를 위해 십자가에서 죽으신 바로 그 하나님입니다. 하나님은 변한 적이 없으십니다.

그분은 공의로운 분이기 때문에 악을 징벌하십니다. 그러나 또한 자비롭고 은혜로우시기에 그분을 믿는 자들을 용서하고 복을 주십니다. 하나님은 공정하게 죄를 심판하시고 또한 그리스도의 죽음을 바탕으로 공정하게 죄인들을 용서하십니다. 하나님은 동일하십니다. 문제는 대상인데, 바로 우리 자신입니다.

베드로는 거짓 교사들을 다루면서 하나님의 이러한 양면성을 우리에게 설명하기 위해 구약의 세 가지 사건을 예로 듭니다. 먼저 앞의 두 사건은 사실 하나로 연결되어 있습니다. 바로 타락한 천사와 노아의 홍수입니다.

> "하나님이 범죄한 천사들을 용서하지 아니하시고 지옥에 던져 어두운 구덩이에 두어 심판 때까지 지키게 하셨으며 옛 세상을 용서하지 아니하시고 오직 의를 전파하는 노아와 그 일곱 식구를 보존하시고 경건하지 아니한 자들의 세상에 홍수를 내리셨으며"(벧후 2:4-5).

창세기 6장에 베드로가 말한 이 본문의 배경이 자세하게 나타나 있습니다. 창세기 6장을 보면 이 땅에 살았던 모든 사람의 마음속에 죄가 얼마나 가득했던지, 하나님이 사람을 지은 것을 한탄하고 홍수로 다 쓸어버리십니다. 그런데 이 땅에 죄가 가득 찬 이유를 어떻게 설명하는지 아십니까? 타락한 천사들이 그 배후에 어떤 결정적인 역할을 했다는 것입니다. 그래서 베드로는 타락한 천사와 노아의 홍수를 나란히 기록한 것입니다. 저절로 그렇게 된 것이 아닙니다. 이로 인해 하나님은 마침내 전 인류를 홍수로 쓸어버리신 것입니다.

하나님이 전 인류를 쓸어버리시다니 너무 잔인한 것 아닙니까? 하나님이 어떻게 그러실 수 있을까요? 그러나 우리는 하나님이 전 인류를 하루아침에 쓸어버리신 게 아니라 백이십 년 동안 기다리셨음을 알아야 합니다. 백이십 년 동안 노아를 통해 하나님은 심판을 예고하며 회개를 촉구하셨습니다. 실물 교육 차원에서 산 위에 배를 짓게 하셨습니다. 사람들이 노아에게 물었습니다. "당신, 정신이 나갔소? 왜 산 위에 배를 짓소?" 그러자 노아가 메시지를 선포합니다. "하나님이 장차 이 땅에 홍수를 내려 전 인류를 쓸어버리실 것입니다. 회개하시오! 돌아오시오! 구원받기 원하면 배로 나아오시오!"

그러나 놀랍게도 전 인류 가운데 노아의 식구를 제외한 단 한 사람도 노아의 말을 믿지 않았고 돌이키지도 않았습니다. 그러나 이 혹독한 심판 가운데서 하나님은 노아의 여덟 식구를 보전하셨습니다. 이 말씀이 왜 중요합니까? 베드로가 이 두 가지 사건을 우리에게 말하는 이유가 무엇입니까? 그는 사악한 천사들과 인간들이 심판받는 와중에도 의인들이 구원받는 것을 예로 들어서 장차 다가올 심판의 때에도 거짓 교사들을 따르지 않고 하나님의 진리와 의를 붙드는 자들을 하나님이 반드시 구원하신다고 선포하는 것입니다.

세 번째 사건인 소돔과 고모라 심판도 마찬가지입니다. 하나님은 소돔과 고모라를 물이 아닌 불과 유황으로 심판하셨습니다. 이 말은 그 도시의 모든 생명체를 멸하셨다는 의미입니다. 하나님이 너무 잔인하신 것 아닙니까? 그러나 우리는 아브라함의 간청을 통해 소돔과 고모라가 얼마나 타락했는지 창세기 18장에서 확인할 수 있습니다.

아브라함은 간청합니다. "하나님 그 도시에 의인 오십 명이 있으면 어떻게 하시겠습니까? 그 많은 사람 가운데 의인도 같이 멸망시키실 것입니까?" 이에 하나님이 아니라고 하십니다. 그런데 의인이 보이지 않습니다. "사십오 명은요? 사십 명은요? 삼십 명은요? 열 명은요?" 아브라함은 계속해서 간청합니다. 하나님이 마지막으로 말씀합니다. "의인이 열 명만 있어도 내가 그 도시를 멸망시키지 아니하리라." 이게 무슨 말입니까? 소돔과 고모라가 그만큼 타락했다는 말입니다.

천사들이 남자의 모습으로 소돔과 고모라에 갔는데 그곳 사람들이 그 두 천사를 동성애로 강간하겠다며 롯을 밀치고 들어왔습니다. 롯이 천사들을 대신해 자신의 딸들을 내어주며 그 요청을 거절할 만큼 그 도시는 철저하게 타락했습니다. 그러나 그 도시에는 누가 살았습니까? 롯과 그의 가족이 같이 살았습니다. 하나님은 롯과 그의 가족을 구원하기 위해 천사를 보내신 것입니다.

롯은 그렇게 영적인 사람이 아니었습니다. 아브라함이 이 편과 저 편을 선택하라고 했을 때 아브라함의 은혜를 입은 그는 가장 비옥한 땅인 소돔과 고모라를 택하고, 자신에게 은혜를 베푼 삼촌 아브라함을 척박한 땅으로 몰아냈습니다. 그러나 하나님은 롯과 그의 가족을 기억하셨습니다. 롯과 그의 가족이 하나님의 약속 안에 있었기 때문입니다. 그의 삶이 고결하지는 않았지만 믿음 안에 있었기 때문에 하나님은 롯과 그의 가족을 구하셨습니다.

그다음 베드로는 거짓 교사와 그들을 따라가는 사람들의 모습을 아주 길게 묘사합니다.

> "그러나 이 사람들은 본래 잡혀 죽기 위하여 난 이성 없는 짐승 같아서 그 알지 못하는 것을 비방하고 그들의 멸망 가운데서 멸망을 당하며… 음심이 가득한 눈을 가지고 범죄하기를 그치지 아니하고 굳세지 못한 영혼들을 유혹하며 탐욕에 연단된 마음을 가진 자들이니 저주의 자식이라"(벧후 2:12, 14).

하나님의 양면성, 즉 분노와 자비, 심판과 구원을 보면서 우리는 이 땅에 횡행하는 거짓 가르침에 어떻게 대처해야 할지 알 수 있습니다. 저는 두 가지를 권합니다.

먼저 하나님의 양면성에 근거하여 하나님의 보호하심을 신뢰하기 바랍니다. 그분은 공정하고 신실하시기 때문에 약속 안에 있는 자들을 한 사람도 잃지 않고 반드시 구원하실 것입니다. 온 인류를 쓸어버리는 가운데서도 하나님은 의인 노아와 그 식구들을 잊지 않으셨습니다. 소돔과 고모라를 불과 유황으로 멸하는 가운데서도 롯과 그의 식구들을 잊지 않으셨습니다.

마찬가지로 하나님이 앞으로 이 세상을 심판하시더라도 예수 그리스도를 마음으로 받아들여 그분의 자녀가 된 우리를 반드시 구원하실 것을 믿어야 합니다.

그러나 하나님의 양면성에 근거하여 우리가 두 번째로 명심해야 할 것이 있습니다. 하나님의 구원과 약속을 신뢰해야 하지만 동시에 우리는 다가올 하나님의 심판을 결코 잊지 말아야 합니다. 하나님은 자비의 하나님이시기 때문에 심판하지 않으실까요? 그렇지 않습니다! 하나님은 모든 믿지 않는 자를 반드시 심판하실 것입니다. 그렇게 선하신 하나님이 온 땅을 심판하실 것이 믿겨지지 않는다면 노아 홍수 사건을 보십시오. 소돔과 고모라의 멸망을 다시 묵상하기 바랍니다.

하나님은 믿는 자들에게 신실한 긍휼을 베푸시듯이 그분의 영생을 거절하는 죄인들을 반드시 공정하게 심판하실 것입니다. 하나님이 은혜로 베푸시는 용서를 멸시한 사람들은 죄를 향한 하나님의 공정하고도 엄정한 심판을 결코 피할 수 없을 것입니다. 그러므로 우리는 노아의 가족처럼 우리를 믿음으로 불러주시고 그리스도를 믿어 의인의 반열에 속하게 해주신 하나님의 은혜를 평생 찬양해야 합니다. 우리가 하나님의 심판을 묵상해야 하는 이유 가운데 하나가 바로 이것입니다.

하나님의 구원과 은혜는 우리가 잘나서 주어진 게 아닙니다. 우리가 의롭기 때문이 아닙니다. 우리를 위해 그리스도를 보내시고 성령 하나님을 보내셔서 우리를 인도하심으로 논리적으로는 절대 이해할 수 없는 그 거룩한 하나님의 복음을 믿게 하시고, 우리를 장차 심판에서 구원하실 하나님의 은혜를 평생 찬양하기 바랍니다. 바로 이것이 예배입니다. 이 구원의 감격이 없다면 예배는 예배일 수 없습니다. "하나님, 어찌 나 같은 것을 구원하셨습니까? 어찌 이 논리적으로 설명할 수 없는 하나님의 은혜의 복음을 믿게 하셨습니까? 하나님, 감사합니다!"라고 하며 하나님의 은혜를 찬양하십시오.

하나님의 은혜를 찬양할 때 마음으로 결단하십시오. "하나님, 나의 남은 생애 동안 이 땅의 많은 물질이나 성공을 구하지 않고 오직 거룩하신 하나님의 자녀답게 빛된 삶을 살기 원합니다. 정직하게 살기 원합니다. 깨끗하게 살기 원합니다."

우리는 그 은혜의 하나님이 동시에 심판의 하나님이심을 명심해야 합니다. 홍수로 전 인류를 쓸어버리셨듯, 소돔과 고모라를 불과 유황으로 심판하셨듯 하나님은 언젠가 이 땅을 반드시 심판하실 것입니다. 그러므로 더 늦기 전에 사랑하는 가족, 친구, 이웃을 구해야 합니다.

수많은 사람이 자신도 모르게 거짓 교사들에게 속아 멸망의 문으로 달려가는 이때에, 우리 모두 이 말씀을 마음에 새김으로 하나님의 진리 안에 굳게 서야 합니다. 우리를 구원하신 하나님의 은혜를 찬양하며, 우리를 구원하신 하나님의 은혜에 보답하기 위해 믿지 않는 자들을 전도하며 빛으로 살아가기를 소망합니다.

18장

재림을
사모하는 자의
모습

베드로후서 3:1-18

¹사랑하는 자들아 내가 이제 이 둘째 편지를 너희에게 쓰노니 이 두 편지로 너희의 진실한 마음을 일깨워 생각나게 하여 ²곧 거룩한 선지자들이 예언한 말씀과 주 되신 구주께서 너희의 사도들로 말미암아 명하신 것을 기억하게 하려 하노라 ³먼저 이것을 알지니 말세에 조롱하는 자들이 와서 자기의 정욕을 따라 행하며 조롱하여 ⁴이르되 주께서 강림하신다는 약속이 어디 있느냐 조상들이 잔 후로부터 만물이 처음 창조될 때와 같이 그냥 있다 하니 ⁵이는 하늘이 옛적부터 있는 것과 땅이 물에서 나와 물로 성립된 것도 하나님의 말씀으로 된 것을 그들이 일부러 잊으려 함이로다 ⁶이로 말미암아 그 때에 세상은 물이 넘침으로 멸망하였으되 ⁷이제 하늘과 땅은 그 동일한 말씀으로 불사르기 위하여 보호하신 바 되어 경건하지 아니한 사람들의 심판과 멸망의 날까지 보존하여 두신 것이니라 ⁸사랑하는 자들아 주께는 하루가 천 년 같고 천 년이 하루 같다는 이 한 가지를 잊지 말라 ⁹주의 약속은 어떤 이들이 더디다고 생각하는 것 같이 더딘 것이 아니라 오직 주께서는 너희를 대하여 오래 참으사 아무도 멸망하지 아니하고 다 회개하기에 이르기를 원하시느니라 ¹⁰그러나 주의 날이 도둑 같이 오리니 그 날에는

하늘이 큰 소리로 떠나가고 물질이 뜨거운 불에 풀어지고 땅과 그 중에 있는 모든 일이 드러나리로다 [11]이 모든 것이 이렇게 풀어지리니 너희가 어떠한 사람이 되어야 마땅하냐 거룩한 행실과 경건함으로 [12]하나님의 날이 임하기를 바라보고 간절히 사모하라 그 날에 하늘이 불에 타서 풀어지고 물질이 뜨거운 불에 녹아지려니와 [13]우리는 그의 약속대로 의가 있는 곳인 새 하늘과 새 땅을 바라보도다 [14]그러므로 사랑하는 자들아 너희가 이것을 바라보나니 주 앞에서 점도 없고 흠도 없이 평강 가운데서 나타나기를 힘쓰라 [15]또 우리 주의 오래 참으심이 구원이 될 줄로 여기라 우리가 사랑하는 형제 바울도 그 받은 지혜대로 너희에게 이같이 썼고 [16]또 그 모든 편지에도 이런 일에 관하여 말하였으되 그 중에 알기 어려운 것이 더러 있으니 무식한 자들과 굳세지 못한 자들이 다른 성경과 같이 그것도 억지로 풀다가 스스로 멸망에 이르느니라 [17]그러므로 사랑하는 자들아 너희가 이것을 미리 알았은즉 무법한 자들의 미혹에 이끌려 너희가 굳센 데서 떨어질까 삼가라 [18]오직 우리 주 곧 구주 예수 그리스도의 은혜와 그를 아는 지식에서 자라 가라 영광이 이제와 영원한 날까지 그에게 있을지어다.

베드로는 사랑하는 성도에게 마지막 당부의 말을 남깁니다. 매우 단순한 당부입니다. 바로 '주의 재림을 준비하라'는 것입니다. 스스로 질문해 보십시오. 주의 재림을 진심으로 기다립니까? 혹시 성경에 나오니 부정할 수는 없지만 먼 훗날의 일, 혹은 자신의 생애에서 일어나지 않을 막연한 일이라고 제쳐둔 것은 아닙니까?

믿는 자들에게 주의 재림에 대한 확신과 기다림이 희미한 이유는 무엇일까요? 믿음의 선조들은 주님의 다시 오심을 간절히 사모하며 살았는데 말입니다. 베드로는 거기에는 어떤 영향력이 있다고 말하며 먼저 주의 재림에 대한 세상의 주장을 설명합니다. 왜냐하면 은연 중에 세상의 주장에 동조하여 주의 재림에 대한 확신이 사라진 그리스도인이 있기 때문입니다. 성경은 세상의 생각에 부지불식간에 동조하지 않도록 주의하라고 경고합니다. 대체 주의 재림에 대한 세상의 생각이 무엇이기에 베드로가 경고한 것일까요? 주의 재림에 대한 세상의 주장은 바로 조롱과 무시입니다.

> "먼저 이것을 알지니 말세에 조롱하는 자들이 와서 자기의 정욕을 따라 행하며 조롱하여 이르되 주께서 강림하신다는 약속이 어디 있느냐 조상들이 잔 후로부터 만물이 처음 창조될 때와 같이 그냥 있다 하니"(벧후 3:3-4).

믿지 않는 사람들에게 예수님의 재림에 대해 말한다면 그들은 우리를 불쌍한 눈빛으로 쳐다볼 것입니다. 이단에 빠졌다고 손가락질할지도 모릅니다. "어떻게 하루아침에 세상이 멸망합니까? 말이 되는 소리를 하세요." 그들은 우리를 훈계하고 조롱할 것입니다.

이러한 세상의 생각이 우리에게도 영향을 미칩니다. 그래서 우리도 교회 안에서조차 주님의 재림에 대해 이야기하지 않습니다. 재림을 주제로 대화한 경험이 있습니까? 우리는 대부분 아예 재림에 대한 기도 제목을 나누거나 언급조차 하지 않습니다. 이는 세상의 영향을 받은 것입니다. 세상 사람들은 성경이 말하는 창조와 노아의 홍수처럼 전 인류에게 임할 심판을 조롱하고 무시합니다.

> "이는 하늘이 옛적부터 있는 것과 땅이 물에서 나와 물로 성립된 것도 하나님의 말씀으로 된 것을 그들이 일부러 무시함이로다"(벧후 3:5).

성경은 이 땅이 어떻게 창조되었다고 말씀합니까? 성경은 하나님이 세상을 창조하셨고, 물과 물을 분리하심으로 이 땅이 만들어졌다고 말씀합니다.

"하나님이 이르시되 물 가운데에 궁창이 있어 물과 물로 나뉘라 하시고 하나님이 궁창을 만드사 궁창 아래의 물과 궁창 위의 물로 나뉘게 하시니 그대로 되니라 하나님이 궁창을 하늘이라 부르시니라…하나님이 이르시되 천하의 물이 한 곳으로 모이고 물이 드러나라 하시니 그대로 되니라 하나님이 뭍을 땅이라 부르시고 모인 물을 바다라 부르시니 하나님이 보시기에 좋았더라"(창 1:6-10).

베드로가 이 땅의 물이 분리되어 세상이 만들어진 이야기를 하는 이유는 노아 홍수와 연관시키기 위해서입니다. 이 세상이 물이 분리되어 만들어졌다면, 혹시라도 그 물이 다시 합쳐져 자연스럽게 이 땅이 물에 잠기지 않겠습니까? 그러나 창조를 거부하는 자들은 이 모든 사실을 애써 외면합니다. 하나님의 말씀이 성경에 기록되었음에도 부정하려고 합니다. 과거에 세상이 한 번 모두 물에 잠겼던 증거가 지질학적으로 너무나 명백함에도 불구하고 그들은 모든 사실을 부정합니다. 이것이 바로 성경을 대하는 세상의 태도입니다.

창조를 부인하는 자들은 노아의 홍수를 부인하고, 노아의 홍수를 부인하는 사람들은 앞으로 다가올 주의 재림으로 말미암아 이 땅이 멸망할 것을 부인합니다. 그래서 그들은 주의 재림을 조롱하고 무시합니다.

세상 사람들은 그렇다 해도 우리는 어떻습니까? 우리는 정말 주의 재림을 믿고 사모하며 기다립니까? 만일 그렇다면 주님의 재림이 현재 우리 삶에 어떠한 영향을 미치고 있습니까?

주님이 다시 오신다는 명백한 성경의 가르침이 현재 삶에 어떠한 영향도 미치지 않는다면 주의 재림을 믿지 않는 것입니다. 세상 사람들처럼 조롱하고 무시하지는 않지만 주의 재림을 잊고 사는 것입니다. 주의 재림을 조롱하고 무시하는 세상의 풍조를 따라가지 말라는 것이 베드로의 마지막 메시지입니다.

믿는 사람들조차 종종 재림에 대한 기대와 확신이 무너지는 것은 세상의 풍조가 교회에 들어온 탓도 있지만 다른 이유가 또 있습니다. 베드로는 그것을 이렇게 설명합니다.

"사랑하는 자들아 주께는 하루가 천 년 같고 천 년이 하루 같다는 이 한 가지를 잊지 말라"(벧후 3:8).

이 말씀의 의미는 천국에서의 하루가 이 땅에서의 천 년이라는 수학적 개념을 말하는 게 아니라는 것입니다. 베드로가 잊지 말라고 말하는 신학적으로 중요한 진리는 무엇입니까? 그것은 하나님께 우리의 제한된 시간 개념을 적용하는 것이 적절치 않다는 말입니다. 우리의 시간 개념으로는 하나님의 계획을 판단할 수 없기 때문입니다. 왜냐하면 그분은 우리가 인식하는 시간의 제한을 받는 분이 아니시기 때문입니다.

더구나 이 편지의 수신자들은 극심한 환난 가운데 처해 있었습니다. 그들은 예수님을 믿는다는 사실 하나 때문에 네로의 잔인한 핍박을 받아 삶의 모든 터전과 권리는 물론이고, 목숨까지도 위태로운 고통스러운 상황을 감내하며 살았습니다. 그 말도 안 되는 불합리한 고난과 고통 가운데서 그들이 하나님 앞에 이 억울한 일을 신원하며 바로 잡아달라고 얼마나 간구했겠습니까? 속히 자신들을 건져달라고 얼마나 기도했겠습니까?

그러나 그들의 간절한 기다림과 간구에도 불구하고 주님은 다시 오셔서 이 땅을 평정하지 않으셨습니다. 세상은 그렇게 기도하는 성도들을 조롱합니다. 그들은 주의 재림을 조롱하고 주의 심판을 무시합니다. 그러니 성도의 마음속에 어찌 의문이 생기지 않겠습니까? 우리라고 의문이 생기지 않겠습니까? 이것을 안 베드로는 하나님에 대한 중요한 신학적 지식을 성도에게 알려주는 것입니다. 그 진리는 바로 하나님은 우리의 시간에 제한받는 분이 아니라는 사실입니다.

우리가 이 땅에 살면서 고민과 혼돈에 빠지는 많은 이유는 진리를 오해하기 때문입니다. 그중 하나가 하나님의 시간표를 자신의 시간표에 끼워 맞추려고 하는 것입니다. 왜 원망이 생기고 의문이 생깁니까? 그것은 자신이 기도한 대로 하나님이 움직여야 하는데 안 움직이시기 때문입니다. 더구나 베드로는 주님이 재림을 늦추시는 명백한 이유를 우리에게 설명합니다.

"주의 약속은 어떤 이들이 더디다고 생각하는 것같이 더딘 것이 아니라 오직 주께서는 너희를 대하여 오래 참으사 아무도 멸망하지 아니하고 다 회개하기에 이르기를 원하시느니라"(벧후 3:9).

주님이 재림을 늦추시는 이유는 가능한 많은 사람에게 기회를 주시기 위함입니다. 그러므로 하나님은 더딘 분이 아니라 참을성이 많은 분인 것입니다. 그분은 늦으시는 게 아니라 일부러 지체하시는 것입니다. 그분은 우리의 기도에 무관심한 분이 아니라 자비로운 분입니다. 이 말씀을 이해하고 싶으면 자신에게 한 번 적용해 보십시오.

믿는 자들은 과거 어느 때, 예수님을 마음에 구주로 영접하고 구원받아 영생을 얻은 날이 있습니다. 정확하게 그 시점을 기억하지는 못해도 누구에게나 그 순간은 있기 마련입니다. 한 번 상상해 봅시다. 옆집에 살던 성도가 너무도 간절하게 주의 재림을 기도하는 바람에, 하나님이 그 기도를 듣다 못해 오셨습니다. 언제 오셨는지 아십니까? 당신이 예수님을 영접하기 딱 이틀 전에 오셨습니다.

지옥에 떨어진 당신이 옆집 성도가 주님께 기도한 사실과 그로 인해 주님이 재림을 앞당기신 사실을 알아챘습니다. 그때 어떤 마음이 들겠습니까? '그 사람은 그때 왜 그런 기도를 해서…. 하필이면 그것도 이틀 전에! 주님도 그렇지, 아무리 그래도 그 이틀을 못 참고 재림을 앞당기시다니! 이틀만 늦게 오셨

으면 나도 천국에 갔을 텐데….'

관점이 완전히 바뀌지 않습니까? 중요한 사실은 하나님은 심판을 늦추시며 믿지 않는 자들에게만 기회와 자비를 베푸시는 게 아니라 믿는 자들에게도 기회를 주신다는 사실입니다. 주님은 왜 오늘 당장 오지 않으시는 걸까요? 그분은 타락한 우리가 돌아올 기회를 주시는 것입니다. 회개에 합당한 열매를 맺어 주님이 이 땅에 다시 오실 때 우리로 하여금 천국에서 많은 상급을 받도록 기회를 주시는 것입니다. 그래서 일부러 지체하시는 것입니다. 자비를 베풀며 참을성 있게 인내하시는 것입니다.

또한 그분은 우리가 믿지 않는 형제와 친구들에게 복음을 전할 기회를 주시는 것입니다. 하나님의 인내하심이 얼마나 감사합니까? 주님의 시간이 우리의 시간에 맞춰지지 않았다는 게 얼마나 감사합니까? 그러나 오늘 말씀은 한 가지 명백한 사실을 우리에게 가르쳐 줍니다. 그것은 하나님은 언제까지나 지체하지는 않으실 거라는 사실입니다. 그분은 반드시 다시 오십니다. 그리고 이 땅을 심판하실 것입니다.

베드로는 주의 재림과 주님이 오셔서 이 땅에 행하실 심판의 날을 한 단어로 표현합니다. 이 표현은 성경을 해석하는 데 매우 중요한 것으로, 바로 '주의 날'입니다. 선지서에는 주의 날이라는 표현이 많이 나옵니다. 앞으로 구약과 신약을 읽을 때 이 단어를 주목하십시오.

그러면 구체적으로 주의 날은 언제 올까요? 언제 그 날이 임할지 참으로 궁금합니다. 그리고 주의 날에는 도대체 어떤 일이 일어날까요? 주의 날은 어떻게 우리에게 임할까요? 하나님은 이러한 중요한 질문에 대해 구체적으로 대답해 주십니다. 먼저 주의 날은 언제 올 것인가에 대해 성경은 명백하게 말씀합니다.

"그러나 주의 날이 도둑같이 오리니"(벧후 3:10).

언제 주의 날이 옵니까? 도둑처럼 옵니다. 이것은 주님이 우리에게 가르치신 말씀을 베드로가 요약한 것입니다. 예수님은 이렇게 말씀하셨습니다.

"그러나 그 날과 그 때는 아무도 모르나니 하늘의 천사들도, 아들도 모르고 오직 아버지만 아시느니라 노아의 때와 같이 인자의 임함도 그러하리라 홍수 전에 노아와 방주에 들어가던 날까지 사람들이 먹고 마시고 장가들고 시집가고 있으면서 홍수가 나서 그들을 다 멸하기까지 깨닫지 못하였으니 인자의 임함도 이와 같으리라…너희도 아는 바니 만일 집 주인이 도둑이 어느 시각에 올 줄을 알았더라면 깨어 있어 그 집을 뚫지 못하게 하였으리라 이러므로 너희도 준비하고 있으라 생각하지 않은 때에 인자가 오리라"(마 24:36-39, 43-44).

도둑처럼 오신다는 말씀은 아무도 모르게 오신다는 의미가 아닙니다. 주의 날은 모든 사람이 다 알도록 놀랍게 임할 것입니다. 그렇다면 무엇을 강조하는 것일까요? 바로 시기입니다. 그 시기는 천사도 모르고 아들도 모르며 오직 아버지만 아십니다. 그런데 이단들은 그 날짜를 알려고 그토록 난리입니다. 예수님도 모른다고 하시는데 말입니다.

주님은 그 날을 우리에게 왜 알려주지 않으실까요? 왜 도둑같이 오십니까? 그 이유는 우리를 깨어 있게 하시려는 것입니다. 마태복음 24장 44절은 "이러므로 너희도 준비하고 있으라 생각하지 않은 때에 인자가 오리라"라고 말씀합니다. 만일 우리가 그 날을 안다고 한 번 생각해 보십시오. 그러면 어떻게 될까요? '아이고 아직도 많이 남았네. 그동안 내 마음대로 살다가 1년 전부터 준비하지.' 혹은 연세 많은 분들은 '아이고! 내 생에 뵙기는 글렀구나!' 하고 탄식할 것입니다.

하나님은 우리의 약함을 아십니다. 그래서 그 날짜를 알려주지 않으신 것입니다. 왜냐하면 우리를 깨어 있게 하시기 위해서입니다. 내일 혹은 모레,

다음 달에 오실지 모르니 깨어 경성하게 하시기 위해서 말입니다. 이게 하나님의 은혜입니다. 그러면 도대체 그 날에는 어떤 일이 일어날까요?

"그 날에는 하늘이 큰 소리로 떠나가고 물질이 뜨거운 불에 풀어지고 땅과 그 중에 있는 모든 일이 드러나리로다…그 날에 하늘이 불에 타서 풀어지고 물질이 뜨거운 불에 녹아지려니와"(벧후 3:10,12).

먼저 별들이 부딪히는 것처럼 큰 소리를 내며 하늘이 사라집니다. 이 땅의 모든 물질이 뜨거운 불에 풀어집니다. 그 모습을 상상해 보십시오. 참담한 광경이지요. 그러나 성경을 통해 노아 홍수와 소돔과 고모라의 멸망을 이미 아는 우리는 이 사실을 믿을 수밖에 없습니다.

삶을 깨끗하게 하라

그렇다면 이 모든 사실을 안 우리는 주의 재림을 준비하며 어떤 태도를 가져야 할까요? 이것이 바로 하나님이 베드로를 통해 우리에게 주시는 핵심 메시지입니다. 주의 재림을 준비하려면 삶을 깨끗하게 해야 합니다.

우리는 구원받았지만 날마다 죄를 지으며 삽니다. 요한은 만일 우리가 죄 없다고 하면 스스로 속이는 것이고 진리가 우리 속에 있지 않다고 말합니다. 아무리 성숙한 성도라 해도 돌이켜야 할 영역이 있습니다. 아무리 영성이 있는 사람이라도 성령 하나님이 다루셔야 할 영역이 있습니다. 그래서 베드로는 주의 재림을 가르치며 이렇게 도전합니다.

"이 모든 것이 이렇게 풀어지리니 너희가 어떠한 사람이 되어야 마땅하냐…

그러므로 사랑하는 자들아 너희가 이것을 바라보나니 주 앞에서 점도 없고 흠도 없이 평강 가운데서 나타나기를 힘쓰라"(벧후 3:11, 14).

훗날 주님이 다시 오셔서 우리가 심판대 앞에 섰을 때 흠도 점도 없도록 날마다 힘써야 합니다. 우리가 머리로만 아는 게 아니라 진정으로 주의 재림을 믿는다면 먼저 우리의 삶을 정화해야 합니다. 요한은 주의 재림을 기다리는 것과 우리 삶에는 큰 연관성이 있다고 말합니다.

"사랑하는 자들아 우리가 지금은 하나님의 자녀라 장래에 어떻게 될지는 아직 나타나지 아니하였으나 그가 나타나시면 우리가 그와 같을 줄을 아는 것은 그의 참 모습 그대로 볼 것이기 때문이니 주를 향하여 이 소망을 가진 자마다 그의 깨끗하심과 같이 자기를 깨끗하게 하느니라"(요일 3:2-3).

주님이 다시 오신다는 소망을 믿는 자는 주의 깨끗하심과 같이 자신을 깨끗하게 한다는 것입니다. 이것이 주의 재림을 믿는 증거입니다. 주님이 내일 오신다면 우리가 어찌 함부로 살겠습니까? 우리 삶에서 정화해야 할 부분이 무엇입니까? 더 미루지 말고 오늘 그 문제를 다루십시오. 주님이 도둑같이 오실 것을 믿는다면 그 문제를 반드시 다루기 바랍니다. 삶을 깨끗하게 해야 합니다. 주의 재림을 믿고 기다리는 우리의 삶은 정결해야 하기 때문입니다.

주의 오심을 사모하며 기다리라

또한 우리는 주의 오심을 사모하며 기다려야 합니다. 베드로는 주의 재림에 대해 설명한 뒤 강력하게 말합니다.

"하나님의 날이 임하기를 바라보고 간절히 사모하라"(벧후 3:12).

주의 재림을 사모하는지 아닌지를 어떻게 알 수 있을까요? 가장 확실하고 좋은 방법은 중요한 자원인 시간과 물질을 어디에 쓰고 있는지 검토하는 것입니다. 자신을 구체적으로 살펴보십시오. 지출을 점검하고 하나님의 사역에 얼마나 물질을 드렸는지 살펴보십시오. 한 해의 달력을 살펴보십시오. 시간을 어디에 썼는지 확인해 보십시오. 드라마를 보는 시간과 말씀을 읽은 시간을 확인해 보십시오.

당신은 주님이 재림하실 때 주실 영원한 것에 물질과 시간을 투자합니까? 아니면 주님이 오셔서 불로 시험하실 때 다 타버릴 쓸데없는 것들에 시간과 자원을 투자합니까? 지금부터라도 주의 재림을 사모하며 기다리기 바랍니다. 우선순위를 바로 세우고 삶을 재정비하십시오.

지체하지 말고 복음을 전하라

마지막으로 우리가 정말 주의 재림을 기다린다면 지체하지 말고 복음을 전해야 합니다.

예수님이 내일 오신다고 가정했을 때, 천국에서 보지 못할 사람은 누구입니까? 주위 사람들을 한번 생각해 보십시오. 특별히 당신이 사랑하는 사람들 가운데 심판대 앞에서 땅을 치고 이를 갈며 통곡할 사람이 누구입니까? 당신이 조금만 힘써 복음을 전했다면 영원한 형벌을 면할 수도 있었을 그 사람이 누구입니까? 가족을 포함해 사랑하는 사람들 가운데 이에 해당하는 사람이 있다면 즉시 그 사람의 영혼 구원을 위해 진지하게 기도하십시오.

당신은 영혼 구원을 위해 금식해 본 적이 있습니까? 곡기를 끊어가며 '하나님, 그를 구해 주세요. 그의 마음을 감동시켜 주세요'라고 기도한 적이 있습니까? 당신이 이렇게 할 때 그것을 상대가 안다면 싫어할지도 모릅니다. 그러나 반대로 그 노력으로 인해 그들이 주님께 한 걸음 더 다가갈 수도 있습니다.

주의 재림을 기다리는 당신의 정결한 삶을 불신자들에게 보여주십시오. 세파에 흔들리지 말고 고난 가운데서도 오뚝이처럼 일어서십시오. 세상의 더러운 이익을 탐하여 함부로 양심을 내던지지 마십시오. 이 땅에서 정결한 모습으로 주의 재림을 사모하며 어려운 환경을 이겨내는 당신을 보고 믿지 않는 자들이 주님께 돌아올 것입니다. 우리 주님은 반드시 다시 오십니다.

"오직 우리 주 곧 구주 예수 그리스도의 은혜와 그를 아는 지식에서 자라 가라 영광이 이제와 영원한 날까지 그에게 있을지어다"(벧후 3:18).

마라나타! 주의 재림을 기다리며 살아가는 복되고 정결한 성도가 되기를 축복합니다.